LETTRE

DE

M. DE SAINTE-ALBINE,

A

M. LE COMTE DE V***.

LETTRE

DE

M. DE SAINTE-ALBINE,

A

M. LE COMTE DE V***.

Ce qu'on donne aux méchans, toujours on le regrette.
Pour tirer d'eux ce qu'on leur prête,
Il faut que l'on en vienne aux coups,
Il faut plaider, il faut combattre.
Laissez-leur prendre un pied chez vous,
Ils en auront bientôt pris quatre.
La Fontaine, Livre II. Fable VII.

1789.

LETTRE

DE

M. DE SAINTE-ALBINE,

A

M. LE COMTE DE V***.

Oui, Monſieur le Comte, oui, je me juſtifierai; oui, je ſortirai de cet état de léthargie,
de cet état d'annihilation où les malheurs ac-
cumulés ſur ma tête, & des injuſtices atroces
m'avoient plongé.

Je viendrai eſſuyer les dégoûts des procès;
je viendrai affronter leurs éternelles longueurs,
je ſuivrai mes ennemis dans tous les repaires de
leur déteſtable chicane, & ſoyez certain que
j'obtiendrai juſtice.

Je dois à une femme, je dois à des enfans
qui me redemandent une fortune que la plus
mauvaiſe foi a dilapidée, de pourſuivre ceux
qui la retiennent injuſtement; je me dois à
moi-même de venger un honneur que veulent

*A

me ravir ceux même qui fe partagent ma fortune.

Témoin, depuis votre retour à Paris, des
propos atroces que la calomnie acharnée &
intéreffée vomit contre moi jufques dans le
fanctuaire de la Juftice pour m'en fermer
toutes les avenues, vous avez promis hautement une juftification, & vous en avez donné
votre garantie.

Vous avez offert de prouver que ma fortune étoit difperfée dans des mains avides qui
la retenoient injuftement.

Vous avez foutenu que des Agens-de-
change, dépofitaires de mon bien, ne dé-
chiroient ma réputation que pour étouffer
mes plaintes ; que la calomnie étoit pour ces
déprédateurs infatiables ce qu'eft le poignard
dans les mains des Proxenetes des forêts, qui
fe délivrent des cris du voyageur dépouillé en
lui arrachant la vie.

Vous avez publié que le fieur Rybes, le
plus cruel de mes adverfaires, après avoir
chaffé ma femme & mes enfans de leur domicile, après avoir fait vendre jufqu'à leur lit,
fous le prétexte d'un billet de dix mille livres

que je n'avois pu acquitter, prétend lui-même aujourd'hui que je ne lui devois pas ce billet, qu'il n'étoit point fondé à en exiger le paiement.

Vous avez offert de prouver que l'objet de la défense du sieur Rybes dans le procès que j'ai avec lui, est de le faire condamner à me restituer le montant de ce même billet, qui a été dans ses mains l'instrument avec lequel il m'a égorgé; que cet homme est enfin obligé de me réintégrer dans le domicile duquel il m'a chassé inhumainement & sans raisons.

Vous voulez que je rende un compte exact & public de tous ces faits;

Vous voulez que j'en consigne le scandale dans une lettre que vous me permettez de vous adresser & de publier. J'obéirai, Monsieur le Comte, puisque cette précaution doit servir à ma justification; mais permettez-moi encore de m'occuper d'un préalable que vous jugerez, comme moi, indispensable, celui de présenter d'abord quelques détails fur la conduite que j'ai tenue depuis l'inftant où je fuis entré dans la carriere des fonds publics, jufqu'au moment où je l'ai abandonnée. Vous m'y verrez luttant fans ceffe contre les écarts d'une adminiftration vicieufe, toujours victime de fes déprédations, & néanmoins toujours fidele à des engagemens dont les funeftes réfultats m'ont coûté plus de trois millions ;

Vous m'y verrez croyant feconder les vues patriotiques d'un Miniftre fort de fon opinion, & non d'un Miniftre héfitant & chancelant à tous les pas, me dévouer imprudemment pour la chofe publique, & trouver pour récompenfe l'abandon le plus complet de ceux qui me faifoient agir, & la dénégation la plus abfolue lorfque j'ai parlé de *dédommagemens* ;

Vous m'y verrez fur un vaiffeau prêt à rentrer dans le port, obligé de rendre les armes à des forbans jaloux, & irrités de voir un pavillon honorable criblé de coups, toujours échapper à des combats inégaux & meurtriers.

Mais puis-je, dans le moment actuel, me flatter, M. le Comte, que le public voudra bien laisser tomber les yeux sur cet Écrit?

Dans un tems où le plus juste enthousiasme transporte tous les esprits; dans un tems où toute la Nation occupée de ses plus grands intérêts, s'apprête à prononcer sur les plus importantes & les plus nobles questions, permettra-t-on à un particulier de parler de soi?

Oui, peut-être, si ce particulier a des intérêts liés, comme le sont les miens, à l'intérêt général : or il ne me sera que trop aisé de prouver que les fraudes contre lesquelles je réclame sont un scandale effrayant pour le crédit public, & annoncent, si elles restent impunies, la subversion prochaine de toute espece de confiance.

Je suis venu à Paris, comme vous le savez, en l'année 1784. Je n'avois d'autre but que

A 3

celui d'être plus à portée de remplir les fonctions d'une place honorable que j'occupois auprès du Roi, celle de Maître-d'hôtel de Sa Majesté.

Une partie de ma fortune se trouvoit malheureusement en porte-feuille, je cherchai un placement solide & avantageux.

Je n'avois nulle idée du commerce des fonds publics; cette nature d'effets fixa mon attention., parce que leur produit étoit certain & susceptible d'augmentation; ou peut-être, faut-il le dire, parce que ma malheureuse destinée me conduisoit, comme par la main, vers l'écueil contre lequel je devois échouer, & perdre une fortune acquise par des travaux héréditaires & honorables.

D'anciennes liaisons me rapprocherent d'un ami qui spéculoit dans ce genre de commerce avec autant d'intelligence que de fruit.

Ce n'étoit pas encore le tems où la Place de Paris a été inondée de cet essaim d'hommes de toute espece & de toute secte, attirés par la réputation d'un Ministre qui poussa le scandale de son immoralité jusqu'à faire proclamer par la bouche des loix une impunité malfaisante en faveur de tous ceux pour lesquels des engagemens étoient un fardeau.

La Place n'étoit composée que de gens bien famés ; les transactions les plus considérables se passoient sans écrits, une parole suffisoit. Quarante Agens-de-change possédoient à juste titre la confiance publique, & l'avoient méritée.

On n'alloit pas, comme aujourd'hui, effrontément se faire relever d'un engagement ainsi qu'un moine apostat d'un vœu qu'il a formé au pied des Autels.

L'ami dont je viens de parler me proposa de m'intéresser dans une spéculation considérable qu'il faisoit sur les Actions de la Caisse d'escompte.

Cette affaire à laquelle je m'associai, eut le succès que nous en attendions, elle nous produisit à chacun une somme de 40,000 liv.

Cette première opération ayant rempli

mes efpérances , je crus pouvoir marcher fans guide. Je fis en mon nom un achat de deux cents des mêmes Actions.

Ma fpéculation étoit fondée fur le calcul que j'avois fait des bénéfices de la Caiffe d'efcompte.

Il étoit démontré que le dividende du femeftre où j'achetois feroit au moins de 210 liv. fa progreffion graduelle étoit infaillible.

Mon calcul étoit donc certain, j'en ai l'expérience pour garant, je ne crois pas même d'avoir manqué à la prudence ; mais je n'avois pas fait entrer dans ce calcul une donnée qu'il m'étoit impoffible de connoître, c'étoit le fecret de ce qui fe paffoit dans le cabinet du Miniftre qui dirigeoit alors à fon gré le cours des effets publics.

A peine mes achats furent-ils confommés, que la Place fut tout-à-coup inondée de vendeurs. On offroit les Actions de la Caiffe avec une profufion fcandaleufe qui imprimoit fur cet effet un caractere de difcrédit effrayant. pour ceux qui en étoient propriétaires. Il s'en vendit plus de dix mille en moins de quinze jours, quoiqu'il n'en exiftât réellement que cinq mille.

On pouffa l'audace jufqu'à offrir des dividendes du femeftre des fix derniers mois 1784, au prix de 190 l. , tandis qu'à moins d'une révolution inimaginable, il étoit certain qu'il dépafferoit 210 liv.; il s'en vendit des milliers.

L'effroi étoit fur la Place ; mais perfonne ne foupçonnoit la trame perfide qu'on ourdiffoit dans le filence & l'obfcurité. Enfin M. de Calonne parut, & donna l'explication d'un myftere qui n'avoit été connu que de fes créatures ou de fes agens, & imaginé par eux, afin de mettre le public à contribution.

Il annonça à l'Adminiftration de la Caiffe d'efcompte que les fonds de cet établiffement étoient infuffifans pour répondre au public des billets qu'elle avoit en circulation. Il défendit defpotiquement aux actionnaires de

fe répartir en entier leurs bénéfices. Il ordonna que le dividende, au lieu de 210 liv.,
feroit fixé à 150 liv., & l'excédant de cette
fomme mis en réferve.

Cette opération monftrueufe, qui fut pré-
cédée, ainfi que je viens de le dire, de la
vente de dix mille Actions de la Caiffe d'efcompte, & d'un pareil nombre de dividendes,
fit tomber l'Action, du prix de 8000 livres à
7000 liv. Je perdis, Monfieur le Comte, fur
l'achat dont je viens de vous parler, la fomme
de cent quatre-vingt-un mille cinq
cents livres, ci . . . . 181500 l.

Je pouvois certainement réclamer contre une force majeure qui
avoit dénaturé la valeur de l'effet;
je pouvois invoquer ce moyen avec
avantage : mais une voix toujours
plus forte que celle de la cupidité,
la voix de l'honneur, m'ordonna
impérieufement de fatisfaire des
vendeurs de bonne-foi qui n'a-
voient eu aucune connoiffance de

181500 L.

Ci-contre . . . : : : 181500 L.

la machination infernale qui avoit déprécié l'Action.

J'en appelle au témoignage de toute la Place, qui fut témoin de l'opération & de la fidélité avec laquelle j'en acquittai le fâcheux résultat.

Cette breche faite à ma fortune, je m'occupai des moyens de la réparer. Je n'abandonnai point l'Action de la Caisse d'escompte quoiqu'elle m'eût été aussi funeste; j'en fis successivement de nouveaux achats, & si considérables, que sur la fin de 1785, j'en avois à payer quatre cents trente-sept à MM. Sartorius, Pachot, Jeanneret, Doerner, Gaudy, Duchesne, Devillas, Romey, Marion, Rougemont, Adamoly, Boscarry aîné, stipulant pour M. de Sainte-James, Tourton & Ravel, Pache, Delessert, Tassin, au prix

181500 L.

De l'autre part . . . . 181500 l.
de 8000-7950 l., 7800-7750 l.;
mais il étoit écrit que ma deftinée
me mettroit toujours en oppofition
avec M. de Calonne, & que fes opérations meurtrieres me ruineroient
perpétuellement.

Il n'y eut pas cette année de réduction fur le dividende; mais j'eus
à combattre un fléau plus perni-
cieux encore : l'établiffement d'une
Commiffion créée pour liquider les
engagemens d'effets publics à terme;
opération vicieufe fous tous les rapports, qui anéantit le crédit public,
refferra l'argent, & fit tomber les
fonds de 20 pour cent, à la fin de
Décembre 1785, l'Action de la
Caiffe étoit à 6500 liv. On fait à
combien d'abus ce Tribunal du def-
potifme a donné lieu. Il fuffiroit lui
feul pour faire apprécier les Com-
miffions.

181500 l.

Ci-contre . . . . 181500 l.

Je pourrois citer une foule d'injuſtices particulieres commiſes par
les intrigues de gens en crédit qui
tournoient à leur gré contre leurs
adverſaires des armes deſtinées en
apparence à protéger l'utilité publique. Je pourrois rappeller l'étrange & ſcandaleuſe contradiction qu'il
y avoit entre le Miniſtre foudroyant
les négociations d'effets publics par
des Commiſſions, & le Miniſtre fa-
voriſant ce commerce, l'exaltant,
le protégeant, l'alimentant même
par des ſecours énormes ; mais il me
ſuffit, Monſieur le Comte, pour ne
pas m'éloigner de mon ſujet, de citer un abus dont je fus la victime,
c'eſt que cette Commiſſion, en pa-
roiſſant s'occuper d'enchaîner la cupidité, ne faiſoit qu'encourager la
mauvaiſe foi.

On vit, au grand ſcandale du

181500 l.

De l'autre part . . . . . . 181500 l.

commerce, une foule de fpéculateurs, ne payer que la moitié, le
quart même de leurs engagemens,
& ofer encore diftinguer cette liquidation honteufe d'une véritable banqueroute. Quant à moi, à qui cette
audacieufe prétention paroiffoit ce
qu'elle eft, l'excès de la mauvaife
foi, je ne balançai point, je retirai
exactement les quatre cents trente-
fept Actions de la Caiffe que j'avois
achetées, & je perdis quatre cents
quatre-vingt mille cinq cents livres,
ci . . . . 480500 l.

J'étois tellement libre de me fouftraire à cette perte, au moins en partie, que mes créanciers vinrent prefque tous au-devant de moi avant
l'échéance des termes, & me pref-
ferent d'accepter une liquidation à
la Commiffion, ou une remife vo-
lontaire, dans la crainte que je ne

662000 l.

Ci contre : . . . . . 662000 l.

puſſe acquitter la totalité de la perte
que j'éprouvois. Je refuſai toute eſpece de capitulation , & je défie
mes vendeurs de ne pas convenir
que j'ai exactement retiré les
Actions, & que je leur en ai fidéle-
ment payé le prix.

Mes détracteurs ne diſconvien-
dront pas non plus que cette maniere d'acquitter une perte auſſi
conſidérable a eu peu d'imita-
teurs : au reſte, elle n'a pas été ſui-
vie à mon égard , car dans le tems
où j'étois écraſé par le paiement des
ſommes que je perdois , je fus encore obligé de tranſiger à la Commiſſion avec nombre de mes débiteurs, & je perdis ſur les conven-
tions que je devois remplir pour eux   75609 l.

J'avois perdu , comme vous
voyez, Monſieur le Comte, en
Décembre de l'année 1785, une
ſomme de 737609 livres, & je

737609 l.

De l'autre part . . . . 737609 l.

ne pouvois citer d'autre bénéfice que celui de ma premiere opéra-tion, qui m'avoit rendu 40,000 liv.

Mais je n'ai pas été quitte pour la perte de sept cents mille livres ; c'eſt dans ces circonſtances malheu-reuſes qu'a pris naiſſance la haine dont M. de Calonne m'a fait ſentir les cruels effets, en ameutant con-tre moi toutes ſes créatures, pour me flétrir d'abord dans l'opinion pu-blique, & juſtifier enſuite, par la réputation qu'il m'auroit donnée, toutes les vexations qu'il ſe prépa-roit à me faire éprouver.

Lorſque la réſerve, ſur le divi-dende dont je viens de parler fut connue légalement, les proprié-taires des Actions de la Caiſſe d'eſ-compte, qui ſe voyoient ruinés, formerent une députation nom-breuſe qui porta ſes douloureuſes

737609 l.
réclamations

(17)

Ci-contre . . . . . . 737609 l.

réclamations chez tous les Mi-
niſtres.

Cette députation fut ſans effet ;
mais j'eus le malheur d'être diſtingué
par M. de Calonne ; & comme c'étoit
un crime de défendre hautement ſa
propriété, je n'ai jamais obtenu mon
pardon.

J'ai oublié, au reſte, tout le mal
que cette opération meurtriere m'a
occaſionné, & certainement je n'eu
aurois pas retracé le douloureux ſou-
venir, ſi je n'étois obligé de défendre à vos yeux, Monſieur le Comte,
l'imprudence qu'on me reproche de
m'être chargé d'un nombre d'Actions
auſſi conſidérable.

Mais ce qu'il m'eſt impoſſible d'oublier, parce que cela attaque eſſen-
tiellement mon honneur, c'eſt la
conduite que M. de Calonne a tenue à mon égard à la ſuite de cette

____

737609 l.

B *

De l'autre part . . . . . 737609 l.

députation, c'est la hardiesse avec laquelle il ose , *dans sa lettre au Roi*,
défier le citoyen qu'il a opprimé, &
le sommer de paroître.

Eh bien! ce citoyen vexé, ce citoyen opprimé , c'est moi.

Quel droit aviez-vous pour me
faire condamner par un Tribunal
hétéroclite , à payer une somme
de 30,000 liv. sous prétexte que
je jouois sur les fonds publics (1);

747609 l.

______

(1) Expression impropre, & dont on a détourné le
sens. Je n'ai jamais joué ni parié sur les fonds publics.
J'ai acheté ou vendu à crédit des effets publics, dont la
circulation est libre & autorisée par le Prince ; & comme
la livraison de l'effet, dans mes ventes ou achats, a
toujours été de rigueur, je n'ai jamais joué.

On joue en Angleterre, parce qu'on ne livre point
l'effet. On se paie la différence qui existe entre le prix
de la convention & celui du cours le jour de l'échéance,
c'est un pari; mais les opérations que j'ai faites n'ont

Ci-contre . . . . 737609 l.

vous feul pouvez être accufé
d'avoir joué! puifque vous ré-
pandiez les tréfors de la Nation,

---

aucun rapport avec ces fortes de gageures; elles ne diffe-
rent point des fpéculations qui font en ufage dans nos
ports de mer, où un fpéculateur s'engage de fournir, à
une échéance quelconque, de la cochenille, du cacao,
du café, de l'indigo, & cependant il n'a pas un feul
de ces articles dans fes magafins. Eft-ce que tous les
jours on ne s'engage pas de livrer, avant la récolte du
bled qui eft encore fur plante, du vin dont le raifin n'a
pas encore été foulé?

Je foutiens qu'aucune loi n'a prononcé la nullité de
pareilles conventions, que l'Arrêt de M. de Calonne,
non enregiftré, n'eft pas une loi; je foutiens que fur
une Place comme celle de Paris, chargée de fix cents
millions d'effets, il faut des leviers pour remuer une
maffe auffi confidérable, & dont l'inaction cauferoit la
perte abfolue du crédit public; je foutiens que ces leviers
font dans les feules mains des fpéculateurs; mais il faut
que leurs tranfactions foient, ainfi que tous les autres
contrats, fous la protection des loix; fans ce moyen
décifif, point de crédit public; je foutiens que fi
les fpéculateurs étoient contraints pour un engagement
d'effets comme pour une lettre-de-change, ils ne fe
livreroient qu'avec mefure & circonfpection, perfonne
ne prendroit des engagemens au-deffus de fes forces;

B 2

De l'autre part . . . . . 737609 l.

avec une profusion effrayante, pour exercer le monopole le plus odieux sur toutes les Actions ; puis-que les Banquiers *de ce nouveau pharaon* à vos ordres, dreſſoient des tables de jeu dans tous les coins de Paris, & pour attirer la multitude,

---

les malfaiteurs ſe retireroient, & il ne reſteroit ſur la place que les gens honnêtes, capables d'entretenir la ra-pidité de la circulation ſi néceſſaire dans un grand Etat : je ſoutiens que d'annuller de pareilles conventions, c'eſt autoriſer le vice, c'eſt accoutumer le Négociant à n'en plus craindre le ſcandale, c'eſt enfin déflorer le crédit de la première place de l'Europe ; où ſe paie la balance de ſoutes les Nations. Je ne diſconviendrai point que, dans la négociation des effets publics, il s'eſt gliſſé des abus épouvantables ; mais on n'en doit attribuer l'origine qu'à M. de Calonne, qui, en ordonnant la nullité des enga-gemens, a enrichi les fripons, & ruiné les gens hon-nêtes.

Je ne diſconviendrai point que, dans ces négocia-tions, on s'eſt permis des manœuvres criminelles, telles que les accaparemens. Mais, pourquoi, par des évoca-tions, en interdit-on la connoiſſance aux Tribunaux réguliers ?

(21)

Ci-contre . . . . 737609 l.

ouvroient fur la place mille bouches
intariffables qui jettoient une pluie
d'or, comme fi elles avoient reçu
des Dieux, ainfi que la chevre
Amalthée, une corne d'abondance.

Que m'avez-vous répondu, lorfqu'appuyé d'une lettre que j'avois
obtenue du Miniftre de la Maifon
du Roi, j'ai pénétré jufqu'à vous,
& que j'ai reclamé contre l'injuftice
de l'Arrêt d'une Commiffion qui,
fans raifons ni fans preuves, ou
plutôt contre la raifon & contre
toutes les preuves, m'ordonnoit de
payer une fomme de 30000 liv.,
parce que j'érois accufé d'avoir vendu des effets publics à vos agens ?
que m'avez-vous répondu, dis-je ?
« Que j'agiotois, qu'en Déc. 1784
» j'avois ameuté tout Paris contre des
» difpofitions fages & patriotiques ».
Grand Dieu! vous l'entendez,

____

737609 l.

B 3

De l'autre part . . . . 737609 L.
& quelles étoient donc ces difpofitions fages & patriotiques ?

La réduction d'un dividende qui de-
voit faire tomber à 7000 l. une Action
dont vos agens avoient vendu des mil-
liers à 8000 liv. pour mettre à contri-
bution toute la place.

Quelle étoit donc cette émeute
de tout Paris?

La réunion de vingt-cinq malheu-
reux qu'on dépouilloit, & qui vous con-
juroient, au nom de leurs enfans & les
larmes aux yeux, de ne pas permettre
qu'on mît les mains dans leur poche.

Ne croyez pas en avoir impofé au
public, lorfque vous dites, dans
votre Requête au Roi, page 78:
« *Je fis condamner même un de ceux*
» *qui fe trouvoient intéreffés dans les*
» *fociétés auxquelles j'avois remis l'ar-*
» *gent du Tréfor Royal* ».
Vous étiez fi preffé d'une victime

737609 l.

Ci-contre . . . . 737609 l.

apparente pour excuser vos déprédations aux yeux du peuple alarmé , &
de détourner le soupçon qui tomboit
fur vous que je ne fais pas quelle eût
été celle que vous auriez épargnée.

Vous étiez fi preffé, que vous n'a-
vez pas laiffé à votre Commiffion le
tems d'examiner fi ceux que vous
lui donniez à condamner étoient
agioteurs ou non : il n'a jamais exifté
aucune preuve contre eux, pas même d'engagement qui fervît de
prétexte à leur condamnation.
On ne connoît pas leur nom , puifque l'Arrêt a été rendu contre le
fieur *Muguet de Saint-Didier*,
tandis que la raifon de commerce de
ces victimes étoit *Muguet & Saint-
Didier*, ce qui prouve évidemment qu'ils étoient deux affociés , &
qu'il n'y avoit aucune preuve écrite
contre eux.

737609 l.

De l'autre part . . . . . 737609 l.

Au reste, M. Muguet que votre
Tribunal a condamné, comme moi,
à payer une somme énorme de
30000 liv., parce que vous le lui
avez dénoncé comme un agioteur (1), méritoit si peu ce reproche
que depuis votre retraite, & d'une

---

(1) Qu'entend M. de Calonne par ce mot agioteur ?
Ni MM. Muguet & Saint-Didier ni moi n'avons agioté :
agiotage vient du mot italien *agio*, qui signifie plus value, ou usure.

Or je défie à M. de Calonne & à mes ennemis de
prouver que je me sois jamais souillé d'un pareil crime.
J'ai au contraire souvent été rançonné par l'usure, j'ai
souvent, dans des momens de détresse, emprunté à un
pour cent par mois, de l'argent qui sortoit des mains
impures de ces especes de Cannibales qui ne s'engrais-
sent qu'à force d'égorger des victimes.

Voilà les sangsues, voilà les vampires que l'on devroit
étouffer ; ce sont là les assassins qui portent dans l'obs-
curité des coups meurtriers au crédit public, en acca-
parant l'argent pour le vendre à tout prix, en absorbant
tous les moyens de la Caisse d'escompte, en fabriquant
à Paris pour des millions de lettres-de-change tirées
de Lyon sur des Banquiers de Paris, que des prête-
noms complaisans font escompter à la caisse publique.

(25)

Ci-contre . . . . 737609 l.

feule voix, il a été reçu Agent-de-change.

Mais laiffons-là, Monfieur le Comte, cette affaire, qui fera bientôt l'objet d'un Mémoire particulier, & revenons aux *difpofitions fages & patriotiques de Monfieur de Calonne, dans la réferve du dividende de la Caiffe d'efcompte qui fut ordonnée en Janvier 1785.*

MM. Laval & Wilfelsheim, Banquiers de Paris, étoient porteurs d'un engagement dont le nom du foufcripteur, qui craignoit le grand jour, étoit enfeveli fous un cachet.

Cet engagement portoit, de fa part l'obligation de livrer

737609 l.

*

(26)

De l'autre part . . . . . . 737609 l.

mille dividendes des six derniers
mois 1784, au prix de 190 liv.
MM. Laval & Wilfelsheim avoient
remis de leur côté un engagement
au porteur, portant promesse de les
recevoir & payer à ce prix.

Le Courtier qui avoit fait la négociation, avoit répondu de son
exécution, & il étoit écrit sur la
convention, que les porteurs n'auroient le droit de rompre le cachet
que dans le seul cas où le Courtier
ne seroit pas fidele à son engagement.

Lorsque l'Arrêt de M. de Calonne, qui réduisoit le dividende
à 150 liv. fut connu, MM. Laval
& Wilfelsheim menacerent de porter des plaintes au Parlement, s'ils
étoient tenus de remplir un enga-

737609 l.

Ci contre . . . . . . 737609 l.

gement qu'on leur avoit fait prendre avec la certitude de leur voler
40000 liv.

M. de Calonne, pour étouffer
les fuites de cette affaire ténébreu-
fe, rendit un Arrêt qui annulloit
les ventes de dividendes ; mais la
vindicte publique reftoit à fatisfaire, toute la place demandoit le
nom *du nouveau mafque de fer.* Le
cachet fut rompu, & quel nom fe
préfenta ? le nom de l'ami de M. de
Calonne, le nom de celui qui avoit
donné le plan de la réduction du
dividende, le nom de celui qui
avoit ofé, dans une Affemblée de
la Caiffe d'efcompte, en foutenir
la néceffité ; le nom de celui enfin qui ofe aujourd'hui déclamer
contre l'enfant auquel il a donné

737609 l.

De l'autre part . . . . 737609 l.

le jour (1), pour le priver de son exiſtence , parce que ce généreux enfant , après s'être épuiſé en reconnoiſſance envers un pere prodigue & ingrat , ne peut plus nourrir ſes folles eſpérances?

En voilà ſans doute aſſez , Monſieur le Comte, pour vous convaincre *de la ſageſſe des diſpoſitions* de M. de Calonne, dans la réduction du dividende de la Caiſſe d'eſcompte ; & pour vous perſuader qu'au beſoin , & comme le loup de La Fontaine, notre ſycophante ſe feroit volontiers affublé de l'habit de *Guillot;* auroit volontiers quitté la canne pour la houlette,

737609 l.

---

(1) La Caiſſe d'eſcompte.

(27 *bis.*)

Ci-contre . . . . 737609 l.

& la flutte pour la cornemufe.
Mais convenez auffi que cette rufe
n'étoit pas digne d'un grand maître
& qu'il valoit autant écrire fur fon
chapeau :

C'eft moi qui fuis Guillot, Berger de ce
troupeau.

Nous pafferons, fi vous le voulez,
à la fuite de mes opérations.

Les huit premiers mois de l'année 1786 furent un peu moins
orageux, je fis quelques opérations dont le réfultat fut en bénéfices ; mais il étoit écrit dans ma
deftinée, *que je ne pouvois échapper
aux troupes légeres de M. de Calonne.*
Il fembloit qu'elles n'avoient d'autre ordre que celui d'être toujours fur mes pas, & de me forcer

————— —————
737609 l.

De l'autre part . . . . .737609 l.
par-tout à un combat inégal &
meurtrier.

On se rappelle l'accaparement si
justement fameux des Actions de la
nouvelle Compagnie des Indes &
de celles des eaux. Pour excuser
cette opération vicieuse , M. de
Calonne prétend que la maniere de
soutenir les effets du Roi étoit de
donner à la Bourse un mouvement
convulsif.

Que la maniere de les aceré-
diter étoit de donner aux Actions
des Compagnies particulieres une
valeur fantastique & exagérée (1);

737609 l.

____

(1) Les emprunts du Roi n'ont jamais été plus bas que
lorsque l'Action des Indes fut poussée à 2000 liv., & celle
des eaux à 4000 liv. On vendoit à tout prix l'effet du Roi
pour sacrifier aux idoles du jour.

Ci-contre . . . . . 737609 l.

Que tous les effets qui compofent le mouvement de la Bourfe, fe *touchent, fe pouffent, fe preffent, fe repreffent en tous fens*, & qu'en élevant aux nues l'Action des eaux & celle des Indes, *les effets du Roi partvient au même inftant à tire-d'aîle* (1).

Je ne perdrai pas mon tems, Monfieur le Comte, à réfuter un paradoxe auffi révoltant ; je me bornerai à demander à M. de Calonne pourquoi, dans fes accaparemens, il n'a pas donné la préférence aux emprunts du Roi, *ils feroient partis*

737609 l.

______

(1) Les diverfes négociations, affure M. de Calonne, dans fa Requête au Roi, page 52, qui forment le mouvement de la Bourfe, fe touchent toutes, & fe preffent en tous fens, elles réagiffent les unes fur les autres avec une telle réciprocité, qu'il eft impoffible qu'une partie reçoive un choc violent fans que toutes les autres s'en reffentent, & que la maffe entiere en foit ébranlée.

De l'autre part . . . . 737609 l.

au moins les premiers, & les *Actions*
auroient suivi si elles l'avoient jugé à
propos. Je fus, au reste, un des
premiers enveloppés dans les filets
de ce détestable monopole.

Au mois de Février 1787,
un de mes amis me révéla le plan
de ce hardi projet, m'en fit connoître l'auteur, les agens, & leurs
ressources.

Cet ami venoit d'être mis à contribution, je crois qu'il lui en avoit
coûté un million; il m'invita à me
racheter.

Je trouvai l'entreprise si auda-
cieuse, la friponnerie si manifeste,
que je demandai quelques jours de
réflexions. J'étois écrasé une troi-
sieme fois par le fait de M. de Calonne : luter contre les monopo-
leurs, c'étoit luter contre les Dieux
mêmes; les payer, sembloit à tous
les gens sensés une folie, & rompre

Ci-contre . . . : : 737609 l.

fur-le-champ toutes les conventions, une juſtice.

Je ne penſai cependant pas de
même : il s'agiſſoit de l'honneur,
j'aimai mieux le porter juſqu'à la fu-
perſtition, & je payai pour me racheter, *malgré l'Arrêt de M. de Calonne*, la ſomme de ſix cents ſoixan-
te-dix-ſept mille cent quatre-vingt-
quatre livres quatre ſols ſix deniers, (1) ci 677184. 4. 6

M. l'Abbé d'Eſpagnac a été
exilé, comme l'on ſait, à la
ſuite de la dénonciation de l'a-
giotage à l'Aſſemblée des No-
tables.

L'ordre du Roi lui fut ſigni-
fié le 19 Mars 1787, à onze
heures du ſoir.

Le 20 Mars 1787, entre
dix & onze heures du matin,

1414793. 4. 6

____

(1) Je juſtifierai de la convention qui porte ma libération, ſi j'en ſuis interpellé.

<table>
<tr><td></td><td style="text-align:right">l. f. d.</td></tr>
<tr><td>De l'autre part . . : 1414793</td><td style="text-align:right">4 9</td></tr>
</table>

le fieur Bofcary Villeplaine, Agent-de-change, me vendit cent Actions de la nouvelle Compagnie des Indes, payables fin Avril 1787, a 1640 l. l'Action.

Au moment où je concluois ce marché (de vive voix feulement), il y avoit tout à parier que l'ordre du Roi étoit connu ; & comme cet événement dévoit évidemment amener une baiffe confidérable, j'aurois pu protefter contre cette convention. En effet, tous ceux qui avoient acheté comme moi, fans favoir cette nouvelle, n'héfiterent pas à revenir contre leurs engagemens, entre autres le fieur Auriol ; mais le fieur Bofcary m'ayant affuré qu'il ignoroit, ainfi que

1414793 4 6

M.

	l.	r.	d.
Ci-contre 1414793	4	6	

M. Monneron son commettant,
l'ordre du Roi, sa parole me
suffit, & quoique le marché ne
fût pas écrit, je le tins, *nonobstant l'Arrêt de M. de Calonne*,
& je perdis la somme de 45000

Dans le même tems à-peu-
près, je me suis comporté avec
plus de scrupule encore.

J'avois été chargé par un ami
d'acheter des Actions de la
Compagnie des Indes pour son
compte : j'en achetai cent du
sieur Romey, par l'entremise
du sieur Adamoli, courtier,
& au prix de 1645 l. l'Action.
Je chargeai le sieur Adamoli
de porter l'arrêté de cette opération à M. Jouty. L'a-t-il fait ?
A-t-il oublié de le faire ? C'est
ce que j'ignore, toujours est-il
vrai que les Actions étant

1459793 4 6

(34)

l. f. d.

De l'autre part 1459793 4 6

tombées de 400 l., & M. Jouty m'aſſurant n'en avoir pas reçu l'arrêté, je ne voulus pas laiſſer le courtier ſous le poids de cet engagement, je perdis quarante-ſix mille cinq cents cinquante - trois livres que je payai au ſieur Romey, *non-obſtant l'Arrêt de M. de Calonne*, ci . . . . . 46563 l.

Je vous prie, Monſieur le Comte, de vous rappeller de deux achats conſidérables d'Actions de la Caiſſe d'eſcompte, que je fis dans l'origine de mes ſpéculations, & ſur leſquelles je perdis une ſomme de plus de ſix cents mille livres.

Sur ces Actions, j'en avois gardé quatre cents trente ſept, & ſur leur gage j'avois emprunté

1506356 4 6

Ci-contre 1506356 4 6

l'argent qui me manquoit pour
en payer le prix.

M. de Calonne imagina en
1787 de créer vingt mille Actions nouvelles, pour procurer
à la Caisse d'escompte quatre-
vingt millions, dont dix devoient rester dans son sein pour
augmenter ses opérations, &
soixante-dix devoient être ver-
sées dans les coffres du Roi, &
y être toujours en représentation,
afin d'augmenter la confiance
du public, & lui assurer *évidemment* le paiement des billets en circulation.

Afin d'étouffer les plaintes des
Actionnaires sur la nouvelle
contribution qu'on leur demandoit, on leur permit d'augmenter le travail de la Caisse, en
prêtant sur le dépôt des effets

1506356 4 6

(36)

De l'autre part 1506456 4 6

publics, c'est-à-dire qu'on alloit
expofer la Caiffe à tous les
vents, & qu'elle alloit déformais
être fujette à toutes les fluctua-
tions de crédit qu'éprouveroient
les effets publics, ce qui eft
arrivé.

L'Arrêt de création portoit
que chaque Action ancienne
auroit droit à deux nouvelles,
de maniere que poffeffeur de
quatre cents trente-fept Actions, il falloit que j'en payaffe
encore deux fois autant.

J'avoue que je fuccombois
fous le poids du fardeau, j'avoue
que fans confiance au Miniftre,
fans confiance dans l'Action de
la Caiffe, depuis qu'on avoit
ofé porter fur elle une main
facrilege, & qu'on avoit
renverfé les bafes heureufes de

1506356 4 6

Ci-contre 1506356 4 6

fa conſtitution, je me croyois
anéanti.

Heureuſement qu'au milieu
de tant de pertes, mon crédit
étoit toujours dans la plus
grande activité.

Je m'arrangeai de maniere à
pouvoir opérer le triplement
de mes Actions, & en un moment je devins propriétaire, au
lieu de quatre cent trente-ſept
Actions de la Caiſſe, de plus
de treize cents.

Ah ! que je maudis ſouvent,
Monſieur le Comte, le jour où
je m'étois jeté dans un dédale
d'affaires, qui ne m'offroit plus
que d'affreux précipices d'où je
ne pouvois ſortir que par une
eſpece de miracle.

Je paſſois la moitié du jour
dans le lit, j'y invoquois le

De l'autre part 1503656   4   6

ſommeil; mais ſourd à mes prieres, je ne pouvois même en obtenir les douceurs.

Interrompu ſouvent par mes enfans dans mes profondes rêveries, je verſois des larmes de ſang ſur la deſtinée amere qui les menaçoit.

J'attendois, en tremblant, l'ouverture à la bourſe du prix de l'Action : elle s'ouvre enfin, contre toute eſpece de vraiſemblance, à 4700 livres, & bientôt l'enthouſiaſme, l'ivreſſe & je ne ſais quel preſtige la porte à 5000 l., 5200 & 5300 l. pour la fin de Décembre 1787 & Janvier 1788. Plus prompt que l'éclair, je mets en courſe tous les Agens-de change, tous

1506356   4   6

Ci-contre 1506356 4 6

les Courtiers, je ne refuse pas un acheteur, & je vends six cents soixante-cinq Actions, savoir :

175 à M. Jeaneret, Banquier à Paris.

100 à M. Escher, de Zurich.

150 à M. Terrasse, de Lyon.

40 à M. Romey, à Paris.

25 à M. Vertmuller, de Zurich.

100 à M. Duvernois, Banquier à Paris.

75 à M. L***.

———

665

Mais malgré la précipitation que je mis à me débarrasser de plus de la moitié du fardeau, je n'avois fait que la moitié de

De l'autre part . . . . . 1506356 4 6.

ma courfe, & je ne trouvois plus d'acheteurs.

Je fis propofer à celui qui avoit en dépôt mes Actions de liquider avec moi la partie que je n'avois pas vendue. Il y confentit; de maniere qu'en 1787 je n'avois plus heureufement aucune action de la Caiffe, & la perte que j'avois faite fur ces mêmes Actions étoit réparée, à 100000 l. près, fi mes acheteurs étoient auffi fideles à leurs engagemens que je l'avois été aux miens.

Je béniffois le ciel, Monfieur le Comte, d'avoir couronné ma conftance par un fuccès auffi inatendu ; mais je n'étois pas à la fin de mes malheurs, le ciel grondoit encore.

1506356 4 6

Ci-contre 1506356 4 6

La plupart de ceux qui avoient acheté de moi des Actions de la Caiſſe, à 5300, 5200 & 5000 livres, voyoient avec effroi arriver le moment où ils alloient être obligés de les retirer, & cherchoient d'avance des moyens de ſe ſouſtraire à leurs engagemens.

Pluſieurs ſe réunirent, & comploterent de me faire éloigner de Paris.

Je fus dénoncé au Miniſtre comme ayant provoqué, par des manœuvres, la baiſſe de l'Action de la caiſſe. *Perſonne cependant n'avoit autant d'intérêt que moi à la hauſſe.*

Un de ceux qui avoient acheté une partie des Actions que je

1506456 4 6

De l'autre part . . : : 1506356 4 6

traînois péniblement après moi, depuis la fin de 1786 , foumit à M. le principal Miniſtre les conventions que j'avois ſignées ; & celui-ci , ſans faire attention que c'étoit un débiteur qui ſollicitoit une injuſtice contre un créancier *plus facile à éloigner qu'à payer ,* ſans examiner ſi j'avois pu ou dû vendre ces Actions , lança contre moi un ordre miniſtériel. Je fus exilé à Lyon.

Je demandai ſur-le-champ au Miniſtre une audience , & je l'obtins.

Je lui préſentai un acte pardevant Notaire qui conſtatoit en ma faveur la propriété de treize cents Actions de la Caiſſe, & je lui démontrai évidem-

1506356 4 6

Ci-contre 1506346   4   6

ment que j'avois pu & dû
vendre.

Quelle abominable inquifi-
fition , Monfieur le Comte,
je fuis obligé de juftifier d'un
droit pour vendre ou acheter
un effet , parce que des Mi-
niftres fans talens ont perdu la
confiance du public , & parce
que le foin de leur réputation ,
& celui de tranquillifer leur
amour-propre les oblige d'attribuer à des caufes étrangeres les
effets de leur impéritie.

Le Miniftre , au refte , ne put
réfifter à l'évidence de mes raifons , mais en même-tems il me
dit qu'il étoit fans exemple que
les ordres du Roi n'euffent pas
leur exécution ; *que cependant*

1506346   4   6

De l'autre part 1506356 4 6
il me permettoit de rester dans les
environs de Paris.

Je m'abstiendrai, par respect, de toute espece de réflexion sur cette réponse; mais daignez, Monsieur le Comte, jetter les yeux sur la position d'un homme chargé d'engagemens, auquel on enleve son crédit, daignez apprécier le tort irréparable que mon absence m'a occasionnée.

D'abord le sieur Terrasse à qui j'avois vendu cent cinquante Actions de la Caisse d'escompte, à 5000 liv. & qui, par le résultat de cette opération, me doit 105549 livres, a cherché un prétexte dans mon absence, & il ne me paie pas,

1563564 6

Ci-contre 1506356 4 6
graces à l'Arrêt de M. de Ca-
lonne.

Voilà un des premiers dommages que m'a occafionné un
ordre rendu contre moi fans
examen & à la follicitation de
mes débiteurs ; malheureufe-
ment ce n'eft pas encore le
feul.

Le fieur Duvernois, Banquier
à Paris, avoit acheté de moi,
comme le fieur Terraffe, cent
Actions de la Caiffe, au prix de
5000 liv. Il n'a pas voulu les
retirer ; il me doit environ
72000 liv. qu'il ne me paie pas,
graces à l'Arrêt de M. de Ca-
lonne. Le fieur Gorneau, Procureur aux Confuls, m'a offert
de fa part 5000 livres que j'ai
refufées.

Vous voudrez bien obfer-

1506356 4 6

De l'autre part . . ..· 1506356 4 6.

ver, Monsieur le Comte, que le
sieur Duvernois, originaire de
la Suisse, & Banquier à Paris,
avoit acheté ces Actions par
commission , & pour quelqu'un
de sa Nation ; qu'il a reçu de
ses commettans le prix de
5000 liv. auquel il avoit acheté
chaque Action de moi ; qu'en
ne les retirant pas à 5000 liv.,
& les achetant sur la place à
4280 liv., il met dans sa poche
la somme de 72000 liv. qu'il me
retient.

Vous voudrez bien observer
encore que si ces débiteurs infideles n'espéroient pas d'obtenir la nullité de leurs engagemens , *attendu l'Arrêt de M. de
Calonne*, j'aurois été payé à
l'échéance de nos conventions;
& j'ai raison de dire que cet

1506356 4 6

(47)

Ci-contre . . . . : 1506356 4 6

Arrêt a enrichi les fripons &
ruiné les honnêtes gens, puifque j'ai acheté les mêmes Actions que j'ai vendues aux fieurs
Terraffe & Duvernois, & que
je les ai payées dans un tems où
elles me donnoient encore plus
de pertes qu'ils n'en éprouvent.

Le fieur Efcher, de Zurich,
devoit recevoir cent Actions de
la Caiffe à 5300 l. Par le réfultat de cette opération, il me
devoit 120000 liv.; j'ai reçu,
par accommodement, *& graces
à l'Arrêt de M. de Calonne*,
25000 liv.

Le fieur Vertmuller, de Zurich, n'a point retiré vingt-cinq
Actions de la Caiffe. Il me doit
25000 liv. qu'il ne me paie pas,
*graces à l'Arrêt de M. de Ca-
lonne.*

1506356 4 6

*

(48)

Dans les premiers jours de Janvier 1788, j'obtins de M. l'Archevêque de Sens la révocation de la lettre-de-cachet, & je rentrai à Paris.

Mon appartement étoit à louer depuis long-tems, & j'avois réfolu de quitter un genre d'affaires qui n'étoit pas fait pour moi ; mais je ne pouvois échapper à ma deftinée ; il étoit écrit fans doute que je n'avois réfifté par mon courage & ma fidélité à de grands malheurs, que pour fuccomber à de plus grands encore.

Je croyois être libéré avec M. Haller d'une fomme de quatre cents mille livres que je lui devois, & pour laquelle j'avois pris des arrangemens avec un ami qui, preffé lui-même par

Ci-contre 1506356 4 6

un befoin impérieux, & victime, ainfi que moi, de la mauvaife foi de ceux qui ne le
payoient pas, n'avoit pu m'acquitter. Je croyois recevoir de
M. Grimoult une fomme de
quatre-vingt-quatorze mille cent
cinquante livres qu'il me devoit,
en Décembre 1787, & Janvier
1788 ; mais je fus obligé de
tranfiger avec lui, de me con-
tenter de 40000 liv. en fon billet, payable à deux années (1),
c'eft-à dire de perdre 54150 liv.
graces à l'Arrêt de M. de Calonne.

---

(1) J'avois vendu à M. Grimoult,
Deux cents Actions des Indes, payables en
Décembre 1787, à 1450 l.............. 290000 l.
Quinze Actions de la Caiffe d'efcompte, à
5300 l.................................. 79500 l.
Deux cents Actions des Indes, à 1400 liv. 280000 l.

649500 l.

Ces Actions vendues à l'échéance des conventions, n'ayant produit que la fomme de.. 528350 l.

M. Grimoult me devoit................ 121150 l.

D

De l'autre part . . . . 1506356 **l.** 4 **f.** 6 **d.**

De retour à Paris, Monsieur
le Comte, il fallut renoncer au

Mais comme j'étois son débiteur, pour
solde d'ancien compte, de............... 27000 l.

M. Grimoult ne devoit plus que....... 94150 l.

Pour s'acquitter de cette somme, il me remit son billet
à mon ordre payable à deux années, de 40000 liv.

On observera que je venois tout récemment d'intéresser M. Grimoult dans une opération sur laquelle il avoit
gagné une somme de 103000 liv. que je lui avois payée
dans son entier; qu'en reconnoissance il m'avoit associé
à une de ces combinaisons sur laquelle il m'avoit fait
perdre 70000 liv. Il ne disconviendra pas que je l'avois
payé aussi exactement lorsque je l'enrichissois, que lorsqu'il m'appauvrissoit.

M. Grimoult débite aujourd'hui qu'il m'a compté une
somme de cent quarante-six mille livres sur des conventions dont je ne lui ai pas payé le résultat. Je le prie de
se souvenir que je suis porteur de plusieurs engagemens
souscrits par lui, auxquels de son côté il n'a point satis-
fait, & qui balancent certainement ceux qu'il a de moi ;
je le prie encore de ne pas oublier qu'en Février, Mars
& Avril 1788, presque toutes les pertes dont j'ai payé
les funestes résultats, ont été acquittées dans ses mains &
à son profit; que cette prétendue somme de 146000 liv.
ne résulte en partie que des bénéfices qu'il a fait sur
moi ; & en attendant que j'en donne le tableau, M. Grimoult me permettra sans doute de lui rappeller que sur
une seule partie d'Actions de la Caisse d'escompte, &
d'Actions des Indes que je lui avois vendues, il m'en
avoit coûté soixante-trois mille huit cents vingt-neuf
livres. . . . .

Ci-contre 1506356 4 6

projet de quitter les affaires,
mais mes reſſources n'étoient
plus les mêmes. 672000 livres
de moins à la fin d'une année,
des pertes énormes à récupérer,
des procès dégoûtans à ſuivre,
un crédit ébranlé par les coups
redoublés que la mauvaiſe foi
n'avoit ceſſé de lui porter ; quel
parti me reſtoit-il à prendre?

Celui, ſans aucun doute, que
prend le navigateur lorſque ſon
vaiſſeau, battu par la tempête,
& faiſant eau de toutes parts,
ne lui laiſſe d'autre eſpérance que
celle d'un miracle pour le ſau-
ver, & qui cependant continue
ſa route. Je la continuai en effet ; mais mon vaiſſeau ne mar-
choit plus, & tous les mouvemens qu'il faiſoit n'étoient que
des mouvemens rétrogrades qui

1506356 4 6

D

(52)

l.   f. d.

De l'autre part 1506356 4 6

m'éloignoient toujours de la terre, & me portoient continuellement fur les écueils.

Je ne fignai pas un engagement dans les quatre premiers mois de 1788, qui ne devînt pour moi la fource d'une perte & d'une perte exceffive.

Il fallut recourir à tous les moyens poffibles pour fe procurer de l'argent, & pouvoir payer. Je les mis tous en pratique. Des contrats dépofés en gage, des rentes viageres tranfportées, une argenterie confidérable donnée en nantiffement; enfin je prouverai, quand on le voudra, que les mois de Janvier, Février, Mars & Avril 1788 m'ont coûté   800000 .

Je fupprimerai les détails de cette perte, parce que fes réfultats ont prefque toujours été acquittés par des Agens-de-

2306356   4   6

Ci-contre . . . . . 2306356 6 ⅟

change dont j'invoque & les regiſtres & la mémoire.

Je m'adreſſerai même pour cela à quatre de ces Meſſieurs, avec leſquels je ſuis en inſtance, MM. Bouchet, Roche, Garriſon, Orry.

J'invoquerai, s'il le faut encore, le témoignage de deux autres Agens-de-change avec leſquels je n'avois, pour ainſi dire, aucune relation d'affaires, MM. Madinier & Deſtouches.

J'acquittai au ſieur Deſtouches, en Mars 1788, une perte de 30000 liv.

Au ſieur Madinier, le 28 Avril 1788, deux jours avant mon départ (1), une autre perte de 20000 liv.

____

(1) Mes ennemis ont pouſſé l'audace juſqu'à m'accuſer d'avoir reçu de l'argent de toutes mains, & d'être ſorti de Paris avec des tréſors ; la place n'a donc pas été témoin des

De l'autre part . . . 2306356 4 6

La précipitation que j'ai mife, Monfieur le Comte, à vous écrire, m'a fait oublier une infinité de pertes auxquelles j'ai fatisfait à leur échéance; j'en rappellerai ici quelques-unes que la mémoire me fournit : quoique fous une date plus récente, elles n'auront pas moins le mérite de dépofer de ma fidélité dans tous les tems.

M. de Saint-Firmin me devoit, fur la fin de Décembre 1786, deux cents Actions de la nouvelle Compagnie des Indes, au prix de 1600 liv., je les vendis à M. E. Claviere pour la même époque & au même prix.

2306456 4 6

efforts inouis que j'ai faits pour payer ? & des pertes acquittées la veille de mon départ, n'atteftent donc pas affez ma fidélité ?

Ci-contre 2306456 4 6

Je n'avois par conséquent ni perte, ni bénéfice sur cette opération. Le monopole que M. de Calonne fit exercer sur les Actions de cette Compagnie éleva subitement cet effet du prix de 1600 l. à celui de 2100 l.

M. de Saint-Firmin, *graces à l'Arrêt de M. de Calonne*, se dispensa de tenir son engagement, & de me fournir les deux cents Actions.

Je fus obligé de les acheter, à son défaut, sur la place, à 2100 liv. pour les fournir à M. Claviere à 1600 liv.; il m'en coûta cent mille liv. que je payai, *nonobstant l'Arrêt de M. de Calonne, ci* 100000

Par le résultat de deux achats d'Actions de la Caisse que j'avois faits de M. le Comte de Proli,

2406356 5 6

D 4

l.   s. d.

De l'autre part 2406456 4 6

J'ai payé à M. Baroud son ces-
sionnaire, en Janvier 1787 , &
en Avril de la même année,
nonobstant l'Arrêt de M. de Calonne. 44926 12 6

J'ai perdu , avec M. Au-
riol de la Logerie, par le résultat d'une opération sur des
Actions de la Caisse & de la
Compagnie des Indes, que je
lui avois vendues , & qu'il n'a
pas retirées , la somme de quarante mille livres qui ne m'a pas
été payée, *graces à l'Arrêt de
M. de Calonne,* & que j'ai rem-
boursée, *nonobstant cet Arrêt,* ci   40000

————————

2491382 17

Voilà , Monsieur le Comte , le tableau en
abrégé des pertes que j'ai faites : si ma mémoire
eût été fidelle , il eût été plus effrayant encore ;
voilà les titres honorables , je puis prononcer
le mot que j'ai à opposer à des ennemis qui me

calomnient fans pudeur , & à la crédulité qui les a écoutés trop légérement.

Si des dépofitaires infideles me retiennent de toutes parts les fonds que je leur ai confiés ;

Si mes débiteurs en ne me payant pas mettent un obftacle invincible à ma libération ;

Si la juftice, je puis le dire, me refufe fon appui, parce qu'on cherche à la tromper ;

Faut-il que tout ce que j'ai fait pour mériter le titre d'homme fuperftitieufement honnête foit perdu? Faut-il qu'on oublie qu'en dépit d'un accaparement prouvé, qu'en dépit d'un Arrêt que tout le monde invoquoit, j'ai payé plus de deux millions quatre cents mille livres fur des conventions qu'on fe fait aujourd'hui un jeu de ne pas tenir? Faut-il enfin que chacun de mes débiteurs, pour fe fouftraire à leurs engagemens, & excufer leur infidclité , répandent contre moi fur la place mille menfonges groffilers.

Voyons maintenant, dans le récit des faits que je vais rapporter, le tableau bien différent, & cependant très-exact , de la conduite de mes adverfaires dans les quatre premiers mois de l'année 1788.

J'en ai plusieurs qui se sont conduits avec moi d'une maniere si étrange, que les gens les plus modérés ne pourroient l'expliquer que par le mépris le plus insolent de la bonne-foi & de la décence.

A leur tête figure l'adversaire que j'attaque en ce moment, le sieur Rybes, Receveur gé-néral des Finances, & connu par l'emploi ha-bituel qu'il a fait de ses fonds dans le com-merce des effets publics; mais je dois vous entretenir auparavant, Monsieur le Comte, d'une grande opération ministérielle à la fa-talité de laquelle je n'ai pu échapper, & qui a mis le comble à tous mes malheurs.

Tout le monde sait que dans les premiers mois de l'année derniere, Monsieur l'Arche-vêque de Sens étoit pressé par le besoin d'ar-gent; qu'il étoit privé du secours de l'emprunt comme de celui de l'impôt; qu'il étoit réduit à la ressource meurtriere des anticipations, sur le point même de la voir échapper; qu'il étoit enfin conduit, par la force des circonstances, à l'affreux expédient d'une banqueroute par-tielle ou totale.

Il se détermina à se procurer quatre-vingt

millions par une création d'Actions de la Caisse d'escompte & de la nouvelle Compagnie des Indes.

Le calcul des deux opérations étoit tel que les deux Compagnies y trouvoient un bénéfice réel, en ce qu'on accordoit à l'une des droits inutiles à détailler ici, & à l'autre un nouveau genre de travail; de sorte que par ce double projet, on fournissoit au Roi quatre-vingt millions, on épargnoit au peuple toute charge directe & indirecte, & on faisoit l'avantage même des prêteurs. En conséquence, la distribution du dividende de l'Action de la Compagnie des Indes fut suspendue.

Il fut convenu que M. ***, confident de l'opération, engageroit quelqu'un de confiance à vendre les Actions qui alloient être créées.

Malheureusement on jetta les yeux sur moi, & le secret de cette affaire me fut confié par un ami de M. ***.

Je me chargeai donc de la commission de vendre les Actions, & la fidélité qu'on avoit toujours observée dans la tenue de mes engagemens me rendit l'opération facile, j'en plaçai la plus grande partie.

Mais comme il n'eſt pas toujours aiſé d'éclairer les hommes ſur leurs véritables intérêts ; comme la poſſeſſion du préſent les porte facilement à traiter de chimere leur bien à venir ; lorſque le plan de M. l'Archevêque fut connu, il n'eſt point d'intrigues que les Actionnaires de l'une & l'autre Compagnie n'aient employées, point de reſſorts qu'ils n'aient fait jouer pour faire avorter ce projet, & ils y réuſſirent.

Il en réſulta pour moi, à la vérité, Monſieur le Comte, une perte immenſe ſur les ventes d'Actions que j'avois faites (perte d'autant plus peſante que perſonne, oui, perſonne n'a pu encore en partager le fardeau) ; mais il en eſt réſulté auſſi,

1°. Que M. l'Archevêque a fini par cauſer au Roi le plus cruel chagrin qu'il ait jamais éprouvé, celui de ſuſpendre des engagemens qui étoient plus reſpectables encore à ſes yeux qu'aux yeux même des créanciers de l'Etat.

2°. Que les Actions des deux Compagnies réclamantes ont énormément baiſſé à la publication de l'Arrêt du 16 Août.

Je demande maintenant aux Conseils dont M. l'Archevêque de Sens étoit entouré, qui seuls connoissoient le danger de se priver d'une ressource unique de quatre-vingt millions, comment ils ont pu donner au Ministre le conseil perfide de n'en pas user, & de préférer de rendre l'Arrêt du 16 Août; n'étoit-ce pas ôter au vaisseau la voile qui alloit le conduire au port, & déployer celle qui devoit le précipiter dans les abymes?

Je demande aux détracteurs des deux projets, si M. l'Archevêque les eût adoptés suivant son intention, auroit-on vu le scandale qui est arrivé sur la place?

L'Action de la Caisse à 3600 liv.

Celle de la Compagnie des Indes à 900 l.

Et les emprunts du Roi à trente pour cent de perte?

Je me suis étendu presque malgré moi, Monsieur le Comte, sur cette opération, parce qu'elle explique le motif des ventes innombrables d'Actions que j'ai faites dans les premiers mois de 1788, & présente naturellement la source des pertes immenses que j'ai dû faire en les livrant; mais je vous ai

promis des détails fur l'affaire de M. Rybes ;
je ne vous les ferai pas attendre.

Le 31 Octobre 1787, j'empruntai du fieur
Rybes, par l'entremife du fieur Doumer Bélan, Courtier, cent cinquante Actions de la
Caiffe d'efcompte, garnies de tous leurs dividendes. Je prêtai de mon côté au fieur Rybes une fomme de 4300 liv. par Action.

Il eft effentiel de remarquer que c'étoit-là
le prix de l'Action fur la place au moment où
le fieur Rybes traitoit avec moi.

Pour s'affurer plus particuliérement la reftitution de fes Actions, M. Ribes exigea de
moi que je dépofaffe entre fes mains une fomme
de 45000 l. en quatre billets de M. Baroud,
à mon ordre, échéans en Décembre 1787,
Janvier & Février 1788.

Il reçut donc de moi 645000 liv.
pour les cent cinquante Actions, ci 645000 l.

Il convint de me payer l'intérêt
de cette fomme fur le pied de cinq
pour cent par année, cet intérêt faifoit pour les quatre mois . . . . 10750 l.

Total . . . . 655750 l.

Je signai donc au sieur Rybes un engagement de lui restituer cent cinquante Actions
de la Caisse à la fin de Février 1788 ; & le
sieur Rybes me signa de son côté la promesse
de me rendre, à la même époque, la somme
de 655750 liv., & de me restituer en sus la
somme de 45000 liv. que je lui déposois pour
sûreté de ma parole.

Le 29 Février 1788 , l'Action de la Caisse
étoit augmentée de 200 liv., de manière que
ma convention me présentoit une perte de
40250 liv. ; mais le sieur Rybes ayant reçu le
montant des billets du sieur Baroud, que je
lui avois remis en nantissement , & qui s'éle-
voient à 45000 livres, il auroit eu à me restituer pour solde (1), le 29 Février 1788, la

____

(1) En voici le calcul.

Le sieur Rybes avoit à me payer , le 29 Février 1788,
la somme de. . . . . 655750 l.

A déduire pour les cent cinquante dividendes
des six derniers mois 1787 que j'avois reçus. .   21000 l.

____

                                                 634750 l.

J'avois remis en nantissement au sieur Rybes

fomme de 4750 liv., fi la convention eût été liquidée entre nous.

Le fieur Rybes, dont la foif n'étoit pas encore fatisfaite, me fit propofer de lui laiffer la jouiffance de mon argent, & de garder fes Actions jufqu'à la fin de Juillet 1788.

J'acceptai la propofition du fieur Rybes. Je gardai donc les cent cinquante Actions de la Caiffe, & de fon côté le fieur Rybes garda,

la fomme de...................... 45000 l.

Total à payer par lui le 29 Février 1788.. 679750 l.
J'avois de mon côté à remettre au fieur Rybes, le 29 Février 1788, cent cinquante Actions de la Caiffe, dont le cours le plus haut de la Bourfe du 29 Février ayant été de 4500 l. elles préfentoient une valeur de........... 675000 l.

Le fieur Rybes, à cette époque, auroit donc eu inconteftablement à me reftituer fur les 45000 liv....................... 4750 l.

Circonftance effentielle, Monfieur le Comte, que je vous prie de retenir, pour apprécier la Sentence de Meffieurs les Juges-Confuls dont je vais parler, & vous convaincre de la vérité du reproche que je fais à mes Adverfaires, de furprendre la religion des Juges.

1°.

1°. La somme de . . . . 655750 l.

2°. La somme que je lui avois
déposée en trois billets du sieur Baroud, dont il avoit été payé, &
montant à . . . . (1) . . . . 45000 l.

Il me devoit donc . . . . . . 790750 l.

Sur cette somme il falloit déduire
le montant des cent cinquante dividendes de l'Action de Caisse, des
six derniers mois 1787 que j'avois
reçu, ci . . . . 21000 l.
____

679750 l.

Le sieur Rybes convint de me
payer l'intérêt de cette somme à
quatre pour cent, du premier Mars
au 31 Juillet 1788, ci . . . . . . 11329 l.
____

691079 l.

Je signai donc au sieur Rybes la prolongation de la première convention, & je m'enga-
geai à lui rendre, à la fin de Juillet 1788,
cent cinquante Actions de la Caisse d'escompte,
avec ses dividendes, à commencer par celui
des six premiers mois 1788 ; & de son côté le

E

fieur Rybes figna auffi , à la fuite de la premiere convention , l'obligation de me payer,
le 31 Juillet 1788 , la fomme de 691079 liv.
contre la reftitution des cent cinquante Actions
de la Caiffe d'efcompte (1).

Le fieur Rybes fit plus , il exigea que pour
la sûreté de la reftitution des cent cinquante
Actions , je lui remiffe quatre de mes billets
endoffés par M. Baroud , & montant enfemble
à 40500 liv. échéans en Mars , Avril , Mai &
Juin 1780.

Je fis encore avec le fieur Rybes une autre
opération du même genre , dont je dois également vous rendre compte.

Dans le mois de Mars 1788 , le fieur Rybes
me prêta cent autres actions de la caiffe d'efcompte ; & de mon côté , fur chaque Action,
je lui prêtai la fomme de 4440 liv. , le tout
montant à 440000 liv. Le fieur Rybes ne
voulut me tenir compte d'aucun intérêt fur

____

(1) Voici comment le fieur Rybes s'exprime : « Je
» fouffigné , Rybes , confens à prolonger jufqu'au 31
» Juillet prochain fixe l'engagement ci-derriere ».

cette somme; mais toujours attentif & prompt
à se procurer des sûretés, il exigea que je
lui comptasse une somme de 6000 liv. pour
caution de mon exactitude à lui rendre les
nouvelles Actions de la Caisse.

Il exigea encore que nous joignissions dans
l'engagement cette somme de 6000 l. à celle
de 444000 liv.; car il ne vouloit plus qu'il
restât de traces des sommes qu'il m'avoit forcé
à lui donner en nantissement.

Il me signa donc la reconnoissance que
voici.

« Le 31 Juillet 1788 prochain fixe, je
» pajerai à M. Duplain de Sainte-Albine la
» somme de quatre cents cinquante mille
» livres, contre la livraison qu'il me fera à
» la même époque de cent Actions de la
» Caisse d'escompte, garnies de tous leurs
» dividendes actuels, que je lui ai prêtées.
Fait double à Paris le 14 Mars 1788, signé
RYBES.

Ne perdez pas de vue, Monsieur le Comte,
que des trois engagemens que je viens de

détailler, il résulte que le sieur Rybes a reçu
de moi, pour garantie,

   1°. La somme de . . . . . . 45000 l.

   2°. Celle de . . . . 40500 l.

   3°. Celle de . . . . 6000 l.

—————

Et par conséquent en totalité . 91500 l.

Après vous avoir présenté le tableau des
opérations que le sieur Rybes a faites avec
moi, je vais vous exposer la conduite détestable qu'il a tenue en conséquence & à la
suite de ces opérations. Cet historique est
également frappant sous trois rapports : 1°.
celui de la barbarie du sieur Rybes à mon
égard ; 2°. celui de la bassesse & de la mau-
vaise foi de sa défense judiciaire ; 3°. Celui
de l'incohérence du jugement de MM. les
Consuls.

Pour mieux apprécier d'abord les procédés
du sieur Rybes, il est important que vous re-
marquiez, Monsieur le Comte, que par le
prix de l'Action de la Caisse sur la Place,
il est toujours resté mon débiteur ; qu'au
moyen d'un million cent quarante un mille
soixante - dix - neuf livres qu'il me devoit

contre la reſtitution de deux cents cinquante Aɛtions, il ſe trouvoit que je lui avois avancé plus de 4560 livres par Aɛtion, & que dans l'intervalle du mois de Mars au mois de Juillet 1788, l'Aɛtion ne s'étant jamais élevée au-deſſus de 4500 l. à 4520 l., le ſieur Rybes a toujours eu dans ſes mains une plus value de 12 à 15000 liv., outre les billets montant à 40500 liv. que je lui avois remis en nantiſſement, il n'avoit donc abſolument aucune raiſon pour me demander le paiement de ces billets, & encore moins pour me pourſuivre.

Je ne ſais pas de réponſe à cela.

Eh bien ! croiriez-vous que le ſieur Rybes, après avoir exigé, même avant l'échéance, le paiement des trois premiers billets, & l'avoir reçu, me pourſuivit ſous prétexte de mon abſence & dès le mois de Mai, de la manière la plus atroce pour le paiement du quatrieme, celui de 10500 l. qui n'arrivoit à échéance que le 30 Juin ?

Ma femme eut beau lui faire les repréſentations les plus vives ; mes amis eurent beau lui obſerver que ce billet n'étoit pas échu, que fa valeur ne feroit entre fes mains qu'un argent inutile, puifqu'à l'échéance de fon obligation, c'eft à-dire en Juillet fuivant, il faudroit reftituer non - feulement ces 10500 liv., mais encore les 30000 liv. qu'il avoit reçues, le barbare fe garda bien de prêter l'oreille à la juftice. Il avoit formé le projet, frémiffez-en, Monfieur le Comte, de m'anéantir, de dévorer la fubftance de trois malheureux enfans, de les réduire à la plus affreufe indigence.

Il avoit formé le complot de réalifer d'abord tous mes billets, de faire vendre mes meubles, de chercher à conftater une faillite, d'épouvanter mes créanciers, d'acheter d'eux à vil prix les titres qu'ils avoient contre moi, & de les compenfer enfuite avec les billets dont il auroit extorqué le paiement.

Je tiens de M. Moelle, Courtier, que M. Dutremblay a vendu au fieur Ribes une créance à quatre - vingt-dix pour cent de perte, je tiens de M. Audras, que le fieur Ribes n'eut pas honte d'offrir 10000 L. d'un billet de 30000 liv. que j'ai foufcrit.

Retirez, retirez, Monsieur Dutremblay, ces créances que vous avez vendues à vil prix ; vous avez été trompé, & je vous jure que vous serez payé : laissez moi le tems de confondre mes débiteurs, la justice ne sera pas toujours sourde à ma voix, *un grand désordre amene infailliblement le bon ordre.*

Le sieur Rybes, effectivement, ne s'écarta point de son projet infernal, mes meubles furent saisis par son prête-nom le sieur Tour-roude, il les fit vendre jusqu'au dernier, il fit vendre mon lit même, & chassa ma femme de chez elle.

Voilà, Monsieur le Comte, les adversaires que j'ai à combattre ; voilà les hommes qui, toujours escortés, comme Catilina, d'une troupe d'assassins dont ils paient les clameurs, environnent de toutes parts les Juges, & font passer dans leur ame & malgré eux, leurs cris pour ceux de l'indignation publique.

Vous avez-vu, Monsieur le Comte, combien malhonnête, combien inhumain a été le sieur Rybes dans sa conduite particuliere avec

moi ; fuivons à préfent fes procédés judi-
ciaires, il va développer aux Confuls fes
principes fur la maniere d'acquitter fes engagemens, & de réparer fes torts.

Sur la fin de Juillet 1788, je cédai, par
acte authentique, au fieur Haller dont j'étois
débiteur, *ainfi que je l'ai dit*, les divers engagemens du fieur Rybes, envers moi. Je lui
remis les deux cents cinquante Actions de
la Caiffe d'efcompte, & je le chargeai d'en
recevoir le montant.

Le 31 Juillet donc, le fieur Haller, fuivant notre convention, fit offrir au fieur
Rybes les deux cents cinquante Actions de
Caiffe contre la fomme de 1101079 livres ;
car quoique les engagemens fiffent enfemble
1141079 liv., il falloit en déduire le montant
des dividendes des fix premiers mois 1788
que j'avois reçu, & qui, à raifon de 160 liv.
chacun, faifoit une fomme de 40000 livres.
Le fieur Rybes refufa de recevoir & de
payer.

Aſſigné devant MM. les Juges-Conſuls, il a eu la baſſeſſe de demander,

1°. Que la convention paſſée entre nous dans le mois d'Octobre 1787, & échue le 29 Février 1788, fut réputée terminée & valable à ſon égard, *malgré l'Arrêt de M. de Calonne, qui en prononçoit la nullité;* qu'ainſi la ſomme de 45000 livres (1) que je lui avois dépoſée en nantiſſement lui reſtât irrévocablement acquiſe.

2°. Que la prolongation de cette même convention, échéant en Juillet 1788, fût regardée comme non avenue, & fût annullée, en vertu *de l'Arrêt de M. de Calonne,* & qu'il

---

Sur quel fondement le ſieur Rybes demande-t-il que la ſomme de 45000 liv. lui reſte irrévocablement acquiſe? Pourquoi feint-il d'oublier que ſi nous euſſions liquidé cette convention le jour de ſon échéance (le 29 Février 1788), il ne lui revenoit pas 45000 livres, mais ſeulement 40250 liv. ? Qu'il démente, s'il l'oſe, qu'il démente, s'il le peut, la vérité du calcul du folio 64 ? *calcul qui ne lui avoit point échappé & dont cependant il ne parloit pas.*

fût autorifé à garder mon argent, en abandonnant fes Actions.

3°. Que le prêt de la fomme de 450000 l.
que je lui avois fait dans le mois de Mars, fur
le nantiffement de cent Actions de la Caiffe
d'efcompte, & remboursable le 31 Juillet
1788, contre la reftitution des Actions, fut
également annullé, *en vertu de l'Arrêt de
M. de Calonne*, & qu'il fût autorifé à garder
mon argent, en m'abandonnant fes Actions (1), offrant de me reftituer la fomme de
40500 liv. (2), fur celle de 91500 liv. que
je lui avois donnée en nantiffement.

---

(1) Parce que les deux cents cinquante Actions de la
Caiffe d'efcompte que le fieur Rybes devoir retirer,
valoient 55000 l. de moins que la fomme que je lui avois
prêtée.

(2) Dans les 40500 liv. qu'offroit de me reftituer le
fieur Rybes, étoit compris ce billet de 10500 livres en
vertu duquel il venoit de faire vendre mes meubles, mon
lit, & chaffer ma femme & mes enfans de leur domicile.

Il eft bien effentiel d'obferver que ce billet de 10500 l.
ainfi que les trois premiers formant trente mille livres,
n'étoient dans les mains du fieur Rybes qu'un nantiffe-

Eh bien, Monsieur le Comte, pourriez-vous vous perfuader que ces conclufions ont été férieufement prifes devant MM. les Juges-Confuls ? pourriez-vous croire qu'elles ont été été fuivies dans tous leurs points ?

L'Arrêt de M. de Calonne rendu en 1786 qui a décidé ce Jugement, n'avoit point force de loi en Février 1788, lorfqu'il falloit attribuer à un homme injufte ce que je ne lui devois pas ; mais il étoit dans toute fa plénitude, lorfque je demandois, le 3 1 Juillet, ce qui m'étoit légitimement & incontefablement dû.

---

ment qui lui répondoit de l'exécution du traité figné double entre nous : or le fieur Rybes a eu la précaution d'exiger que, vû mon abfence, ce gage fût réalifé dans fes mains, même avant l'échéance ; il a ufé, pour y parvenir, des moyens les plus odieux ; & c'eft après avoir palpé trente mille livres qu'il ofe préfenter notre convention comme un engagement illufoire qu'il peut éluder impunément.

Je lui demande s'il m'eût rendu la fomme de 30000 l. qu'il avoit exigée, ainfi que le billet de dix mille cinq cents livres endoffé par M. Baroud, dans le cas où l'événement de notre traité en eût abforbé la valeur à fon profit.

Enfin l'aveuglement que donnoit la prévention étoit si grand, que Messieurs les
Juges, en accordant au sieur Rybes toutes
ses conclusions, n'ont pas même pris la peine
de réfléchir qu'en lui concédant en Février la
propriété de mes nantissemens, c'est-à-dire
45000 liv., ils lui attribuoient plus que la
liquidation de cette convention, si elle eût
été faite à cette époque, ne lui auroit donné,
puisque le sieur Rybes ne pouvoit réclamer
dans ce cas que 40250 l. (Voyez la note du
folio 64).

Je crois, Monsieur le Comte, avoir déjà
acquitté une partie de vos engagemens.

Je crois que personne ne doute aujourd'hui
que le sieur Rybes est réduit dans ses moyens
de défense, à demander qu'il lui soit permis
de me restituer les billets qui ont servi de
prétexte à ses exécutions révoltantes.

Existe-t-il sur la terre un second exemple
d'une scélératesse de ce genre.

Un débiteur pourſuivre ſon créancier; un débiteur chaſſer une femme & des enfans de leur domicile ; un débiteur, en foulant aux pieds toutes les loix divines & humaines, faire vendre juſqu'au lit de ſon créancier, juſqu'à celui de ſes malheureux enfans ; & lorſqu'il a livré au pillage ſon habitation, oſer, avec un viſage ſerein, offrir à la juſtice de rendre à ſa malheureuſe victime la torche encore fumante avec laquelle il a incendié ſa maiſon ; & la loi reſtera muette, & la juſtice écoutera de ſang-froid le récit d'un délit effroyable; & un pere de famille, uue femme, des enfans dépouillés de leur exiſtence reſteront à venger !

Non, non, Monſieur le Comte, tranquill. liſez votre ſenſibilité alarmée, tranquilliſez celle des gens honnêtes qui ont la bonté de m'écouter.

On a déjà bien fait des efforts auprès des Magiſtrats ſaiſis de mon appel, pour ſurprendre leur religion & les prévenir contre moi; mais c'eſt en vain.

La calomnie que je n'ai pas encore contre-

dite , la calomnie à laquelle j'ai peut-être laiſſé
prendre trop d'empire en habitant malgré moi
la province, a donné, je le ſais, de l'avantage
à mes ennemis ; mais je n'en ai pas été ef-
frayé. L'eſprit de prévention ne dicta jamais
les déciſions du Tribunal auguſte qui va me
juger ; je ſais qu'elles ne ſont jamais le fruit
des ſollicitations importunes ; je ſais qu'elles
n'obéiſſent jamais aux vœux d'une honteuſe
cabale ; je ſais qu'elles n'eurent jamais pour
baſe que la loi & l'équité ; je ſais que le Ma-
giſtrat qui rend l'oracle ne redoute ni le
poids du remords , ni le cri de celui qu'il
condamne.

Il vient d'être rendu au Parlement un premier Arrêt interlocutoire , dans lequel la
Cour , ſans s'arrêter à la nullité des conventions prononcée par MM. les Juges-Conſuls,
permet au ſieur Haller de faire vendre les
deux cents cinquante Actions de la Caiſſe
d'eſcompte , & a commis à cet effet le ſieur
Deſtouches Agent-de-change.

Voilà, Monſieur le Comte, tous les détails
que je pouvois vous donner ſur cette affaire

étonnante ; vous y avez vu dé mon côté toujours la même févérité de principes, toujours la même fidélité dans la tenue de mes engagemens.

Vous m'avez vu, dans le mois de Février, 1788, perdant quarante mille livres, ne pas songer un seul inſtant que j'avois derriere moi une sauve-garde (*l'Arrêt de M. de Calonne*) ; & du côté de mon adversaire que n'avez-vous pas vu…. Mais effaçons, s'il se peut, un souvenir qui fait bouillonner mon sang & dresser mes cheveux sur ma tête. Paſsons à mes autres adversaires, les sieurs *Bouchet*, *Roche*, *Orry*, *Garriſſon*, Agents-de-change, *Caroillon*, *Marion*, *Doumer*, &c. &c.

Le sieur Bouchet.

Le sieur Bouchet étoit un des Agents-de-change que j'employois le plus souvent.

J'avois dépofé dans ses mains, en argent, ou en effets, la somme de quatre cents quarante-six mille cinq cents quatre-vingt-huit livres sept sols.

Je fuis porteur des reconnoiffances du fieur Bouchet. Je l'ai fait affigner aux Confuls, il y a environ neuf mois, à me reftituer cette fomme.

Le fieur Bouchet a répondu qu'il avoit un compte à faire; qu'il étoit porteur d'une convention fignée de moi, portant promeffe de livrer dix-hnit cents vingt cinq Actions de la Compagnie des Indes, dont la liquidation me donnoit de la perte.

Meffieurs les Confuls ont renvoyé cette affaire pardevant arbitres.

Dix arbitres, au moins, les uns après les autres, fe font récufés à la follicitation du fieur Bouchet. Enfin je demande *à cor & à cri* un jugement & je ne puis l'obtenir.

Je dis au fieur Bouchet :

« J'ai produit vos reconnoiffances, qui vous » conftituent mon dépofitaire de 446588 liv. » 7 fous.

» Si vous avez un compte à m'oppofer, » appuyé de titres auffi pofitifs que ceux en » vertu defquels je demande la reftitution de » 446588 liv. 7 f.; pourquoi ne le donniez- » vous pas » ?

Je

Le·fieur Roche.

J'ai en dépôt chez cet Agent-de-change, fauf omiffion, une fomme au moins de trois cents vingt-fix mille livres. Il m'a prêté trois cents quatre-vingt-quatre Actions de la Caiffe d'efcompte, fur chacune defquelles je lui ai remis en outre 4440 liv. en argent.

Pour fûreté de la reftitution de fes Actions au 31 Juillet & 15 Août 1788, le fieur Roche m'avoit fait configner une nouvelle fomme de 60 liv. par Action, c'eft-à-dire en totalité, celle de 23040 liv.

Ce qui prouvoit dans le tems que le fieur Roche avoit une bien grande envie de retirer fes Actions, puifqu'il prenoit tant de précautions pour s'en affurer la rentrée.

Cependant l'échéance des conventions arrivée, & la fcene de la *Place* ayant changée, c'eft-à-dire, les *Actions*, contre l'opinion du fieur Roche, valant beaucoup moins que l'argent qu'il avoit reçu, il a prétendu que je devois garder fes Actions, & qu'il devoit garder mon argent, fans doute ainfi que je l'ai dit,

Parce que mon argent vaut cent foixante-

quinze mille six cents soixante livres six sols dix deniers de plus que ses Actions.

Je demande au sieur Roche,

1°. La somme que je lui ai déposée de 326000

2°. La différence que j'ai fait constater entre le prix de ses Actions & la valeur de l'argent que je lui ai prêté sur leur nantissement, montant à 175660 6 10

En totalité la somme de . 501660 6 10

Depuis neuf mois je l'assigne, le réassigne aux Consuls ; une force invisible, plus puissante que mes cris, plus puissante encore sans doute que les efforts de mon Défenseur, me repousse toujours. Enfin je n'ai pu encore obtenir qu'une Sentence par défaut.

Le sieur Doumer Bélan.

Le sieur Doumer Bélan prenoit, en 1788, la qualité de Courtier, & il ne l'étoit point.

Il tomba sur la Place de Paris, au milieu de

ce tourbillon d'hommes de toute espece qui ;
appellés par les opérations de M. de Calonne,
se mirent à la suite des Agents-de-change ,
en usurperent les fonctions , & s'attribuerent
le titre de *Courtier*.

Presque tous élevés sur les débris des for-
tunes qu'ils ont renversées, les uns par des
conseils perfides, les autres par de fausses
confidences , les autres enfin par des manœuvres de toute espece ; la plupart ont disparu
avec le Ministre, en laissant par-tout , comme
lui, des monumens de désolation & de perfidie;
semblables à ces nuées de sauterelles dont on
ignore la patrie ; dont on méconnoît l'espece,
qui ravagent chaque année l'Empire du
Croissant , & en se retirant le laissent en proie
à la famine & à la peste.

Malheureusement pour moi le sieur Doumer n'avoit pas encore consommé le grand
ouvrage de sa brillante fortune , & il nous
est resté.

C'est lui à qui je dois l'origine de mes
liaisons d'affaires avec le sieur Rybes ; c'est
lui qui m'avoit engagé de lui confier une
somme énorme de 91000 l. en nantissement.

F 7

C'eſt lui qui m'avoit répondu de ſa fidélité, & garanti ſon exactitude ;

Que ſais je encore ſi ce n'eſt pas lui qui l'a dirigé dans ſa noble conduite !.

J'ai vendu au ſieur Piquet , par l'entremiſe de ce ſieur Doumer Bélan , mille Actions de la nouvelle Compagnie des Indes , payables le 31 Mai 1788 , au prix de 1260 liv. chaque Action.

Le réſultat de cette opération me conſtitue dans une perte de 34500 liv. & débiteur du ſieur Piquet de cette ſomme, ci . . . . . . 34500 l.

J'avois également vendu au ſieur Piquet ſoixante-quinze Actions de la Caiſſe d'eſcompte , payables fin Juillet 1788 , au prix de 4550 l.

Cette opération donne au ſieur Piquet une perte de 20550 liv. à déduire . . . . . 20550 l.

Je redevois par conſéquent, & par le réſultat des deux opérations combinées enſemble, au ſieur Piquet, la ſomme de . . . . . 13950 l.

Le sieur Piquet étoit très-satisfait de gagner 34500 liv.; mais il voyoit avec chagrin ce bénéfice affoibli par la perte qui résultoit de son opération sur les Actions de la Caisse. Il falloit chercher un moyen de me faire exécuter la convention avantageuse, & de faire annuller celle qui ne l'étoit pas.

Voici en conséquence le projet sublime qui a été conçu, & dont l'exécution a été confiée par le sieur Piquet au sieur Doumer Bélan son Courtier.

Le sieur Doumer a retiré des mains du sieur Piquet mes engagemens portant promesse de fournir, le 31 Mai 1788, mille Actions des Indes au prix de 1260 liv. l'Action, afin d'écarter la compensation naturelle qui existoit entre le sieur Piquet & moi.

Porteur de ces titres, il s'est présenté aux Consuls, il n'en a point réclamé l'exécution, de peur que Messieurs les Consuls n'en prononçassent la nullité; mais il a imaginé de demander en son nom la restitution d'une prime de 30000 liv. qu'il a assuré m'avoir payée sur ces engagemens, & à être autorisé à compenser cette somme sur celle de 40000l. qu'il me devoit.

En conséquence, le sieur Doumer s'est annoncé comme un homme public, & il ne l'est point : il a produit son carnet sur lequel cette prime étoit inscrite, *comme si le carnet d'un homme sans caractere pouvoit faire quelque foi en justice.* Enfin aidé par ce carnet *apocriphe,* soutenu par le témoignage du sieur Piquet, qui a dit lui avoir remis ce jour-là 30000 liv., *& qui avoit intérêt à le dire,* il a persuadé à Messieurs les Juges-Consuls qu'il m'avoit compté cette somme, & que je devois la lui rendre.

Je me suis borné dans mes défenses à deux moyens, & j'ai dit :

1°. Que je n'avois point reçu 30000 l. de primes,

2°. Que je devois au sieur Piquet, dont le sieur Doumer n'étoit que le prête-nom, ou le Courtier, par le résultat de la convention qu'invoquoit le sieur Doumer, une somme de 34000 liv. que j'avois offerte dans tous les tems au sieur Piquet.

3°. Que je réitérois la même offre, sous

condition que le sieur Piquet me paieroit à son tour la somme de 20550 liv. qu'il me devoit, ainsi que je viens de le dire.

Enfin sur le témoignage du sieur Doumer, sur celui du sieur Piquet qui étoit derriere lui, comme Vaucansson derriere son automate, Messieurs les Juges-Consuls m'ont condamné à rembourser au sieur Doumer cette prétendue prime de 30000 livres, & voilà le sieur Piquet qui, débarrassé des entraves d'une compensation dont il ne s'étoit pas dissimulé le danger, va maintenant chercher des moyens pour se soustraire à l'engagement qu'il a signé, de recevoir le 31 Juillet 1788, soixante-quinze Actions de la Caisse d'escompte, à 4550 l. : il invoquera sans aucun doute, & à l'ordinaire *l'Arrêt de M. de Calonne*.

Mais il y a, il faut en convenir, Monsieur le Comte, une force surnaturelle qui se joue *dans ce bas monde*, des projets les mieux combinés, & qui presque toujours les déconcerte & les arrête lorsqu'ils ont un but malhonnête.

Le sieur Doumer n'a pu échapper aux cris d'une conscience qui s'alarmoit.

F 4*

Peut-être, *faut-il lui rendre cette justice*, que n'ayant agi que malgré lui, & par l'effet d'une impression étrangere qui frappoit trop vivement la foiblesse de son organisation; il n'avoit pas été en son pouvoir de résister à un choc aussi violent ?

Peut-être qu'armé du poignard que mettoit entre ses mains la Sentence de Messieurs les Consuls, le courage lui avoit manqué sur sa victime, & que, *le prestige cessant* au moment de donner le coup, il avoit reconnu que *ce que je demandois au sieur Piquet étoit juste, que ce que le sieur Piquet vouloit faire ne l'étoit pas.*

Enfin quelqu'ait été le motif de la conversion du sieur Doumer, il a abjuré ses erreurs, il a renoncé à cet échaffaudage bisarre de prime, il a tiré *le rideau magique.* Le sieur Piquet, dégagé de toutes ses ombres, a paru, & j'ai obtenu un compte; ce compte a été remis le premier Avril 1789, par le sieur Doumer à M. de B ***, chargé de mes pouvoirs; ce compte que je vais rendre public me constitue débiteur du sieur Piquet de 42491 liv. 14 sols.

(89)

Ce créancier a proposé à M. de B*** de liquider cette somme à 30000 liv., en l'affurant que ce n'étoit que par égard aux malheurs dont j'avois été la victime, qu'il confentoit de réduire une créance de 42491 liv. 14 fols à 30000 liv. & de m'accorder des délais.

M. de B *** qui croyoit, d'un côté, à la fincérité du compte ; & qui de l'autre, me voyoit fous le poids d'une Sentence à laquelle j'étois hors d'état d'obéir dans le moment, a accepté la propofition du fieur Piquet.

Il a donc confenti à ce que le fieur Piquet compensât fur 40000 l. de billets de M. Grimoult que j'ai dans les mains du fieur Doumer, la fomme de 30000 liv.

Voici la convention qui a été paffée le premier Avril 1789, entre le fieur Doumer agiffant pour le fieur Piquet, & M. de B *** agiffant pour moi (1).

____

(1) Entre les fouffignés eft convenu de ce qui fuit, &c M. de Sainte-Albine s'oblige de rendre à M. Doumer l'engagement de M. Piquet de foixante quinze Actions de

Je vais actuellement préfenter le compte que le fieur Doumer a produit de la part du fieur Piquet, ainfi que mes obfervations.

---

la Caiffe d'efcompte que ce dernier devoit recevoir de lui, *le 31 Juillet* 1788, au prix de 4550 liv.

2°. La reconnoiffance de M. Doumer Bélan, qu'il lui avoit faite pour le dépôt de quarante mille livres qu'il avoit entre fes mains, pour fûreté d'une vente de mille Actions de la nouvelle Compagnie des Indes, livrables le 31 Mai dernier, au prix de 1260 l'une.

Et moi, Doumer Bélan, m'engage auffi de rendre à M. de Sainte-Albine,

1°. Les dix engagemens pour la vente des mille Actions des Indes ci-deffus mentionnées ;

2°. Un autre engagement de M. Duplain, fur lequel j'ai une différence à répéter d'environ cinq à fix mille livres.

3°. Un bon de M. Duplain, de 3200 l. au porteur.

4°. Enfin le furplus de ce qui pourra refter fur les bons de M. Grimoult, de 40000 liv. ci-deffus mentionnés, après que la rentrée en aura été faite par moi Doumer Bélan.

Le préfent engagement eft fait pour terminer entre M. Piquet, M. Duplain de Sainte-Albine & moi, toutes conteftations & procédures faites pour raifon des affaires des autres parts défignées, dont je me défifte par le préfent. Fait double, à Paris, le premier Avril 1789, figné des Parties.

Je ne dirai point qu'on a surpris la signature de M. de B***, je ne dirai point qu'on en ait eu la coupable intention ; mais je dirai que ce compte contient des erreurs si *lourdes*, qu'elles vous paroîtront, Monsieur le Comte, inexcusables.

Compte produit au nom du sieur Piquet par le sieur Doumer.

Différences établies entre MM. Piquet & Duplain de Sainte-Albine.

« Mille Actions des Indes à recevoir par
» M. Piquet, *le 31 Mai* 1788, à 1260 livres,
» (escomptées le 30 Avril 1788, jour du départ de M. de Sainte-Albine)
contre la somme de . . . 1260000 l.

« Escompte à déduire . . 5250

1254750

Les Actions valoient le 30
» Avril 1788, 1300 liv. à
» payer par M. de Ste.-Albine 1300000

» Différence à revenir à
» M. Piquet 45250

" M. Piquet devoit rece-
" voir de M. de Sainte-Al-
" bine soixante-quinze Ac-
" tions de la Caisse, à 4550 l.
" le 31 Juillet 1788 , ci . . . 341250

" Escompte à déduire de
" quatre-vingt-douze jours, à
" partir du 30 Avril 1788 . . 4366 14 s.

336883 6

" Les Actions de la Caisse
" ne valoient, le 30 Avril,
" que 4455 l., ce qui fait,
" pour les soixante-quinze, 334125

" Différence due par M. Pi-
" quet à M. de Sainte-Al-
" bine 2758 6
" Mais M. de Sainte-Al-
" bine devant à M. Piquet,
" comme ci-derriere . . . 45250

" M. de Sainte-Albine doit
" à M. Piquet pour solde . 42491 14
" D'après ce compte, M. Duplain redoit à

(9**1** *bis.*)

» M. Piquet 42491 l. 14 f., & en ne recevant
» que 30000 liv., il fait graces à M. Duplain
» de . . . . 12491 l. 14 f.

Comme je ne veux point de graces du fieur
Piquet, je préfente le réfultat de fon compte,
qui me conftitue fon débiteur de 42491 l. 14.

Je lui demande actuellement,

1°. Pourquoi il part du cours des Actions
des Indes au 30 Avril 1788, puifque je ne
les lui devois que le 31 Mai, cela fait une
différence à mon préjudice de . . 10750 liv.

Le fieur Piquet me permettra de refter débiteur, ce premier objet déduit, de 31741 l.
14 f. jufqu'à ce qu'il m'ait juftifié de fon droit
pour liquider le 30 Avril un engagement
échéant au 31 Mai 1788.

2°. Pourquoi, à l'égard de la liquidation
des foixante-quinze Actions de la Caiffe d'efcompte qu'il devoit recevoir le 31 Juillet
1788, il part encore du cours du 30 Avril
1788. Effectivement le fieur Piquet a un avantage à ces liquidations prématurées, c'eft que
le 30 Avril 1788 l'Action de la Caiffe valoit
4455 liv., au lieu que le 31 Juillet 1788,

JOUR AUQUEL IL DEVOIT LES RETIRER ,
elle ne valoit que 4276 liv. y compris le dividende des six premier mois 1788.

En attendant que le sieur Piquet puisse me
donner une raison qui démontre la justice de
cette seconde liquidation au 30 Avril ,
comme cette opération donne en ma faveur
un résultat incontestable de 20550 l.
ainsi que je l'ai dit page 84 , &
que le sieur Piquet ne m'a al-
loué dans son compte hypothétique que   .   .   .   . 2758 l. 6 f.
____
17791 l. 14 f.

Je diminuerai encore de la somme ci-dessus
17791 l. 14 f.

Je resterai donc en définitif , aux yeux de
l'honneur, débiteur du sieur Piquet pour solde
de la somme de 13950 l.

Et je défierois *M. Rafle* , avec toute sa doc-
trine, de trouver *à gripper* une somme plus
forte , & en m'acquittant , je n'aurai d'autre
grace à demander au sieur Piquet que celle de
n'y pas revenir souvent , sur-tout si je rencontre
encore *le sieur Rybes dans mon chemin.*

(91 *ter.*)

Le fieur Piquet dira peut-être, Monfieur le Comte, *ce qu'il a dit à M. de B***, que je fuis parti de Paris le 30 Avril 1788, ce qui a mis à jour tous mes engagemens, & que c'eft le motif pour lequel il a liquidé les Actions au cours du 30 Avril.*

D'abord , *n'en déplaife au fieur Piquet,* l'échéance d'un engagement dont le prix dépend abfolument d'une chofe éventuelle, ne peut point , par le fait d'une abfence, être avancée, c'eft une prétention ridicule démentie par la conduite des gens honnêtes de la Place (1).

En fecond lieu, ce moyen feroit péremptoire , que le fieur Piquet ne pourroit encore l'invoquer , parce que fes engagemens étant à mon ordre & dans les mains d'un tiers, il

---

(1) J'avois à fournir à M. Paul-Henri Mallet, le 31 Mai 1788 , huit cents Actions des Indes. Le réfultat de l'opération étoit une perte. J'avois à lui fournir également en Juillet 1788 deux cents Actions de la Caiffe d'efcompte, qui par contre me donnoient un bénéfice.

M. Baroud a liquidé en mon abfence chaque engagement , fuivant le cours de chaque effet, le jour de l'échéance , il me revenoit pour folde une fomme qui a été ayée par M. Mallet.

P

en doit l'exécution à l'échéance déterminée, & malgré mon abfence, à celui qui en eft por-teur.

Le fieur Piquet n'eft-il pas encore conver-ti? Eh bien, je vais lui prouver phyfique-ment *qu'il a manqué de mémoire, lorfqu'il a dit à M. de B*** que fon intention avoit toujours été de liquider nos engagemens le 30 Avril 1788, jour de mon départ de Paris,*

Et je vais lui donner un témoin qu'il ne récufera pas, & qui atteftera le contraire.

Je le prie de fe rappeller que le 19 Mai 1788, c'eft à-dire dix-neuf jours après mon départ de Paris, il me fit fignifier, par le mi-niftere du fieur Lécrivain, Huiffier, qu'il prendroit livraifon de cent Actions des Indes le 31 Mai 1788.

Vous aurez de la peine, convenez-en, Monfieur Piquet, à vous débarraffer de ce témoin importun ; confultez, au refte, le fieur Doumer, *votre agent, votre courtier, votre affocié, il eft jeune, il a l'imagination vive & fé-conde,* il vous trouvera peut-être une iffue. Quant à moi,

Je vois fort bien comme l'on entre,
Et ne vois pas comme on en fort.

Meſſieurs Garriſſon & Orry de la Roche, Agents de change, Caroillon Deſtilliere, Caroillon de Melleville, Caroillon de Vandeuil, Marion Brillantois.

J'ai prêté à M. Caroillon Deſtilliere une ſomme de 444000 liv. ſur le nantiſſement de cent Actions de la Caiſſe d'eſcompte.

Pour ſûreté de ma parole, & lui aſſurer la reſtitution des cent Actions pour le 31 Juillet 1788, je lui ai remis en outre une ſomme de 6000 liv.

J'ai fait la même opération avec M. Caroillon de Melleville, & avec les mêmes ſûretés de ma part, c'eſt-à-dire, en lui payant pour gage de ma parole, 6000 liv.

J'ai prêté à M. Marion Brillantois une ſomme de 666000 liv. ſur le nantiſſement de cent cinquante Actions de la Caiſſe d'eſcompte.

Pour ſûreté de mon engagement, & aſſurer à M. Marion la reſtitution des cent cinquante Actions de la Caiſſe, au 31 Juillet 1788, je lui ai payé en outre une ſomme de 9000 liv.

J'ai prêté à M. Caroillon de Vandeuil une somme de 199800 l. fur le nantiffement de quarante-cinq Actions de la Caiffe d'efcompte.

Pour affurer à M. de Vandeuil la reftitution de ma part des quarante-cinq Actions au 31 Juillet 1788, je lui ai payé en outre 2700 liv.

J'ai prêté à M. Garriffon, Agent-de-change, la fomme de 1212000 l. fur le nantiffement de deux cents trente Actions de la Caiffe d'efcompte.

Pour fûreté de la reftitution des Actions au 31 Juillet 1788, M. Garriffon a exigé un dépôt dans fes mains d'une nouvelle fomme de 13800 liv. que je lui ai payée.

J'ai prêté à M. Orry de la Roche une fomme de 421800 l. fur le nantiffement de quatre-vingt-quinze Actions de la Caiffe d'ef-compte.

Pour s'affurer la reftitution de ces Actions, pour le 31 Juillet 1788, M. Orry a exigé dans fes mains un dépôt d'une fomme de 5700 liv. que je lui ai payée.

Le 31 Juillet 1788, jour de l'échéance, les Actions ont été offertes; ces Meffieurs ont refusé de les recevoir, & confifquent militairement à leur profit mes nantiſſemens.

Par le réfultat de ces divers engagemens ;

M. Marion me doit . . . . . 33600 l.
M. de Melleville me doit . . 22400 l.
M. de Vandeuil me doit . . . 10080 l.
M. Deſtillere me doit . . . . 22400 l.
M. Garriſſon me doit . . . . 50600 l.
M. Orry de la Roche me doit . 20900 l.

Ces MM. me doivent en totalité . 159980 l.

Si on a des compenfations à m'oppofer, je demande à les faire ; fi on n'en a pas, je demande qu'on me paie.

M. Peſſonneaux.

Le fieur Peſſonneaux publie par-tout *que je l'ai ruiné, que je lui dois beaucoup, que je lui ai fait des torts irréparables.*

Je vais prouver qu'il étoit impoffible de le ruiner, qu'il eſt mon débiteur, que, loin d'avoir des torts envers lui, j'en ai à lui reprocher de très-graves, & s'il veut me permettre de le dire , que j'ai à me plaindre *d'un abus de confiance inexcusable.*

J'ai dit qu'il étoit impossible de ruiner le sieur Pessonneaux , parce qu'il est de notoriété publique qu'il est sous le poids de dettes énormes contractées à Lyon , à Arles , à Marseille & à Paris.

J'ai dit qu'il étoit mon débiteur , que je n'étois pas le sien , & que j'avois à me plaindre d'un abus de confiance. Je vais le prouver. Dans le mois d'Avril 1788 , je remis au sieur Pessonneaux , alors Courtier , des lettres-de-change sur Lyon, pour la somme de 15200 l. & payables en paiement de Pâques 1788.

Le sieur Boullouvard ainé d'Arles , ami du sieur Pessonneaux , & son Associé dans quelques opérations inutiles à détailler ici, l'engagea à lui remettre les lettres-de-change sur Lyon que je lui avois confiées pour m'en procurer l'argent : il lui remit en échange d'autres lettres qu'il tira sur Lyon , partit le lendemain matin pour la Provence , & mes lettres-de-change l'y suivirent.

Je ne fus informé qu'après le départ du sieur Boullouvard , de cet échange perfide;

je

je criai, je menaçai ; mais le mal étoit fait & sans remede.

Le sieur Boullouvard a manqué. Les lettres remises en échange des miennes n'ont pas été payées ; & pendant que, pour me tranquilli- ter, on m'assure qu'on *me rendra mes lettres, qu'elles n'ont pas été livrées à la circulation,* des Négocians de Lyon, qui s'en disent *porteurs sinceres,* m'assignent ; & je suis sous le poids d'une Sentence de la Conservation de Lyon, que j'ai laissée rendre par défaut, & dont j'ai interjetté appel au Parlement de Paris, pour amener au grand jour tous ces *copartageans,* les faire interroger sur faits & articles, & avoir enfin le fil de cette trame perfide que je ne puis trouver. Voici l'extrait d'une lettre du sieur Boullouvard, en date du 9 Août 1788, après sa faillite.

» Je vous proteste, Monsieur, que je n'ai
» jamais fait usage de vos traites sur Lyon,
» qu'elles ont toujours été en porte-feuille,
» que j'ai d'autant mieux cru pouvoir les
» prendre des mains de Pessonneaux, que

G

» j'étois déjà endolſeur. Je n'ai aucunement
» manqué à la délicateſſe. Quoi qu'il en ſoit,
» M. Lievre, Notaire à Lyon, a ordre de les
» remettre à qui vous le déſignerez, en lui
» faiſant remettre les miennes ».

Voici l'extrait d'une lettre du ſieur Peſſonneaux, en date du 21 Décembre 1788 :
« J'ai écrit, il y a trois ſemaines, à M. Boul-
» louvard, qui me répond qu'il a toujours
» ſollicité l'échange des 15000 liv. de lettres-
» de-change : M. Lievre, Notaire, qui en eſt
» porteur depuis leur échéance, a voulu
» également en faire l'échange avec Meſ-
» ſieurs Harent & Ducheſne. Au reſte, cela
» ne tardera pas ».

Cela ne tardera pas, dit le ſieur Peſſonneaux;
mais en attendant, la Sentence eſt rendue.

Voilà donc inconteſtablement le ſieur Peſſonneaux coupable d'un tort grave; & juſqu'à ce que mes lettres me ſoient rendues,
il eſt mon débiteur de 15200 livres. Mais ce
n'eſt pas la ſeule dette qu'ait contractée envers moi le ſieur Peſſonneaux: il m'a garanti

(99)

le paiement de la part du fieur Saint-Denys ,
de cinquante Actions de la Caiffe , payables
fin Juillet , au prix de 4500 liv. M. Saint-
Denys ne les ayant pas retirées , le réfultat de
cette opération conftitue le fieur Peffonneaux
mon débiteur de 11200 livres qui , ajoutées
aux 15200 livres , forment la fomme de
26400 liv.

Voyons maintenant comment le fieur Peffonneaux va s'acquitter.

Il doit me remettre,

1°. Un compte de courtage d'environ
2400 liv.

Je pafferai cette fomme en déduction , fi le
compte eft jufte.

2°. Il dit que Meffieurs les Juges-Confuls
l'ont condamné , en Juillet 1788 , à payer à
M. Stek une différenco de 6000 liv. réfultante
d'un prêt de cent Actions des Indes ; qu'il
avoit foufcrit cet engagement pour mon
compte , qu'ainfi je lui dois 6000 livres de
plus. Je compenferai cette fomme , rien n'eft

G 2

plus jufte. Mais n'eft-il pas inconcevable, Monfieur le Comte , que Meffieurs les Juges-Confuls aient adjugé , en Juillet, au fieur Stek, une différence fur un prêt d'Actions , & que, dans le même moment, ils aient annullé un pareil engagement entre le fieur Rybes & moi?

Et n'ai-je pas raifon de dire que fi Meffieurs les Juges-Confuls continuent à annuller toutes les conventions dans lefquelles je fuis *demandeur* , & ordonnent l'exécution de toutes celles dans lefquelles je fuis *défendeur pour le même objet,*

Il faudra ceffer de plaider,

Et enfin par force , & malgré la meilleure volonté , ceffer de payer.

Voilà, au refte, tout ce que le fieur Peffonneaux me demande; ainfi en déduifant de la fomme de . . . . 26400 l.
Qu'il me doit celle de . . . . . 8400 l.
—————
Il refte mon débiteur de . . . . 18000 l.

Je ne l'ai donc point ruiné, il n'est donc point mon créancier, je ne lui ai donc pas fait des torts irréparables ?

Le sieur Fissour , Agent-de-change.

Le sieur Fissour, Agent-de-change, est porteur d'un engagement souscrit par moi, portant promesse de fournir mille Actions de la Compagnie des Indes, le 30 Juin 1788, au prix de 1250 liv.

J'offre de payer le résultat de cet engagement qui donne une perte considérable, à condition, 1°. que le sieur Achard qui est derriere le sieur Fissour, & au nom duquel il agit, compensera sur ce que je perds, & jusqu'à dûe concurrence, le résultat de plusieurs engagemens souscrits par lui, & qu'il n'a pas rempli.

2°. Que le sieur Fissour me restituera une somme de 30000 liv. environ que je lui ai remise en dépôt.

J'ai prêté à M. Achard une fomme de 4440 liv. fur le nantiffement de plufieurs Actions de la Caiffe d'efcompte, qu'il devoit retirer le 31 Juillet 1788, en me rendant la fomme prêtée.

Pour fûreté de ma parole, j'avois payé en outre à M. Achard une fomme de 60 liv. de plus par chaque Action.

A l'échéance de la convention, M. Achard n'a pas retiré fes Actions, elles ont été ven-dues ; il en a réfulté une différence qu'il doit, & dont je demande la compenfation, fur ce que je perds vis à-vis du fieur Fiffour qui agit pour lui.

Le fieur de la Louvelais, Agent de-change.

Le fieur de la Louvelais devoit retirer de moi,

Le 31 Mai 1788, mille Actions des Indes, à 1290 l.

Le 10 Juin, deux cents cinquante des mê-mes Actions, à 1295 l.

(103)

Le 30 Juin, fept cents cinquante des mêmes Actions, à 1300 l.

Le 30 Juin, trois cents des mêmes Actions, à 1270 l.

Le 31 Juillet, cinquante Actions de Caiffe, à 4520 l.

-Le 10 Août, cinquante des mêmes Actions, à 4520 l.

Ces différentes opérations combinées enfemble, donnent en ma faveur un réfultat d'environ 50000 liv. que le fieur de la Louvelais ne me paie pas.

Par quelle fatalité dois-je donc toujours payer, & ne jamais recevoir !

Le fieur Muguet aîné, Courtier.

Je dois au fieur Muguet environ 14600 l.

J'ai à lui oppofer des billets foufcrits par lui pour une plus forte fomme : je refte donc fon créancier, & non fon débiteur, comme on le dit, & je vais le prouver.

G 4

J'ai dû livrer au sieur Muguet aîné ;

Le 10 Mai 1788, trois cents Actions des Indes, à 1260 l.

Le 15 Mai 1788, deux cents Actions des Indes, à 1260 l.

Le 31 Mai 1788, deux cents Actions des Indes, a 1265 l.

Le 30 Juin 1788, deux cents Actions des Indes, à 1270 l.

Le 30 *idem* 1788, quatre cents Actions des Indes, à 1275 l.

Ces livraisons combinées ensemble me constituent dans une perte d'environ 14600 livres.

Je n'entends point me servir des armes de mes adversaires pour me soustraire à cette perte, & invoquer *l'Arrêt de M. de Calonne.*

Je suis porteur de 47600 liv. de billets souscrits par le sieur Muguet, je lui en rendrai pour 14600 l., & je resterai incontestablement son créancier d'environ 33000 l.

Le sieur Deneufville.

Le sieur Deneufville, *Anabaptiste*, se dit Courtier, & il ne l'est point.

S'il ne résultoit de ses opérations clandestines aucun tort pour la société ; s'il n'en eût point résulté contre moi, je n'aurois pas cherché à réveiller à son égard l'attention du ministere public. Mais je suis sa dupe, je vais le prouver, & je dois empêcher qu'il en fasse d'autres.

Le 5 de Mars 1788, je payai au sieur Deneufville le résultat d'un engagement d'Actions de la Caisse d'escompte, qui me constituoit dans une perte de 5250 l.

N'avois-je pas le droit d'attendre la même fidélité de la part du sieur Deneufville ? Le contraire est cependant arrivé, & voilà ce dont je me plains.

Je lui ai vendu des Actions de la Caisse, payables fin Juillet, au prix de 4500 livres, des Actions de la nouvelle Compagnie des Indes, fin Mai 1788, à 1290 liv.

Les deux ventes combinées ensemble donnent un réfultat en ma faveur d'environ 4000 l. que je demande au fieur Deneufville, & qu'il ne me paie point.

Le fieur Vilette de la Muffellerie, Agent-de-change.

J'avois à livrer à M. de la Muffellerie neuf cents Actions de la nouvelle Compagnie des Indes, à 1260 liv. fin Avril.

Il eft certain que fi M. de la Muffellerie n'a pas emprunté les neuf cents Actions fur la Place, & qu'il les ait acheté le 30 Avril 1788, il a perdu une fomme de 36000 liv.

S'il les a empruntées pour trois mois, il eft certain encore qu'au lieu de perdre 36000 l., M. de la Muffellerie a gagné 32000 liv., parce que l'Action des Indes étoit le premier Août 1788 à 1220 liv.

M. de la Muffellerie prétend que je lui dois la fomme de 36000 liv., parce qu'il a acheté les Actions le 30 Avril 1788 à mon défaut; & cependant M. de la Muffellerie n'a fait aucun acte qui conftatât que fon intention étoit de liquider notre convention le 30 Avril 1788, jour de fon échéance : au contraire, il en a fait un qui indique l'oppofé.

Il a fait faifir chez le fieur Rybes, mon débiteur.

J'ai confulté fur cette affaire, & voici ce qui m'a été répondu :

1°. Que n'ayant reçu de M. de la Muffellerie aucun acte qui juftifiât de fon intention à liquider le 30 Avril, nos engagemens fubfiftoient dans leur intégrité, c'eft-à-dire que je reftois engagé à fournir des Actions en nature, & M. de la Muffellerie à en payer le prix convenu.

2°. Qu'ayant fommé dans le mois d'Août M. de la Muffellerie d'acheter ces Actions fur la Place pour moi, avec l'argent qu'il me devoit, c'étoit feulement alors que notre convention étoit terminée.

3°. On a donné pour raifon que M. Bouchet, Confrere de M. de la Muſſelſerie, étant porteur d'un engagement ſoûſcrit par moi de lui livrer des Actions des Indes le 31 Décembre 1787, m'avoit cependant fait aſſigner à les lui livrer en nature dans le mois de Juin 1788, & point du tout à lui payer une différence réſultante de la non livraiſon au 31 Décembre 1787.

4°. Qu'en terminant avec M. de la Muſ-ſellerie, ſuivant ſon vœu & ſa déclaration, je m'expoſois, d'une part, vis-à-vis de ceux qui m'attaquoient en ſens contraire, à payer auſſi, c'eſt-à-dire à perdre *en pariant pour & contre à la même partie*; & de l'autre, à être contredit par les aſſociés que j'avois dans cette affaire (1).

6°. Que dans cette circonſtance il conve-noit d'attendre une déciſion juridique *dans la même eſpece*, en ſe promettant réciproque-ment d'y être fidele, ou de la provoquer,

---

(1) C'eſt un des engagemens réſultans de l'opération miniſtérielle dont j'ai rendu compte, page 59.

en donnant la chofe à juger aux Tribunaux.

Je n'ajouterai rien à ces motifs, je pro-
poferai feulement à M. de la Muffellerie de
nous y conformer , & en attendant je pren-
drai le public pour juge de ma conduite.

Le fieur Adamoli, Courtier.

Le fieur Adamoli, comme le fieur Peffonneaux, publie par-tout que je l'ai ruiné,
& que je lui dois des fommes confidérables.

Je vais prouver que je ne l'ai point ruiné,
que je ne lui dois rien, & qu'il eft mon débiteur.

Premiere opération.

J'ai dépofé dans les mains du fieur Adamoli, le premier Avril 1788, une fomme
de douze mille livres en argent, & un bon
au porteur, de trois mille livres.

Ce nantiffement étoit la sûreté d'un prêt
que me faifoit le fieur Adamoli, de cinq

cents vingt-cinq Actions de la Banque de Saint-Charles de Madrid.

Le sieur Adamoli devoit retirer en Avril 1788 ces cinq cents vingt-cinq Actions, en me payant la somme de 298416 liv. 10 sols que je lui avois remise sur ces Actions, y compris le gage de 15000 liv.

Cette premiere opération, dont je ne connois point le résultat, ne me constitue certainement pas dans une perte qui puisse absorber la plénitude du gage. C'est un compte à faire. Le sieur Adamoli peut être, au reste, tranquille, je n'invoquerai point, comme le sieur Rybes, *l'Arrêt de M. de Calonne*, je ne demanderai point à Messieurs les Consuls *la nullité de mon engagement, & la restitution des gages*; le sieur Adamoli en consommera tout ce qu'il doit en consommer, rien n'est plus juste.

Deuxieme opération.

Le sieur Adamoli fit avec moi, le 5 Avril 1788, une convention dans laquelle il s'engagea de vendre pour mon compte, & sous son nom, des Actions de la Caisse d'escompte, & de celles de la nouvelle Compagnie des Indes.

Il fut convenu qu'il auroit un tiers de bénéfice dans l'opération, sans courir l'événement des pertes.

Certainement le sieur Adamoli ne dira pas que je le traitois mal.

Ensuite de cette convention, le sieur Adamoli a vendu pour moi,

A M. Grimoult, deux cents Actions des Indes, payables fin Mai : il ne les a pas livrées, ainsi il n'a fait sur cet objet aucune perte.

Il a vendu à Messieurs

Caillat, cent Actions des Indes fin Mai 1788, à 1280 liv.

Bouchet, deux cents *idem*, fin Mai, à 1273 liv. 5 sols.

Richard, cent *idem* fin Mai, à 1260 liv.

Claviere, cinquante Actions de Caisse, fin Mai, à 4462 liv.

Mallet ; cinquante Actions de la Caiſſe , au 10 Juin , 4465 l.

Muguet aîné , cinquante *idem* , fin Juin , à 4510 liv.

Lecomte , 25 *idem* , fin Mai , à 4462 liv.

Ces opérations pour leſquelles le ſieur Adamoli prétend , en mon abſence , avoir rempli à mon égard les formalités d'uſage , combinées enſemble , me donnent une perte de 13450 liv. dont je ſuis débiteur envers le ſieur Adamoli , & je lui promets encore de ne point invoquer , comme le ſieur Rybes , *l'Arrêt de M. de Calonne* , & de le payer.

Mais comme je lui ai remis une obligation du ſieur Terraſſe ſur une Charge de Secretaire du Roi , qui vaut , avec les intérêts , au moins 23000 liv. , & qui eſt échue , je l'ai fait aſſigner à me la rendre.

Le ſieur Adamoli peut former oppoſition dans les mains du ſieur Terraſſe ; mais il n'a aucun droit de me garder un effet de 23000 l. ſur lequel je ne lui dois qu'environ 13450 l. , & de m'en retarder la rentrée.

Que dira le ſieur Adamoli ?

Les

Les sieurs Goudet , Lieutaud & Romieux.

J'avois à livrer à ces Messieurs , le 30 Juin 1788 , cinquante Actions de la Caisse d'escompte , à 4450 liv.

Ils disent avoir été autorisés à acheter ces Actions pour mon compte le premier Juillet.

Je n'ai aucune connoissance juridique de ce fait : en supposant qu'il ait existé , qu'en résulteroit-il ? que le cours de la Bourse du premier Juillet , étant de 4518 l. , je perds 48 liv. par Action , c'est-à-dire 2400 liv.

Mais comme pour sûreté de l'engagement , j'avois déposé dans les mains de Messieurs Goudet , Lieutaud & Romieux 4000 liv. , dont j'ai leur reçu , je demande pourquoi ils confisquent à leur profit , militairement & sans pudeur, les seize cents liv. qui restent ?

Le sieur Pyron de Chaboulon.

Le sieur Pyron débite, *avec une noble assurance, que je lui dois des sommes énormes,*

H

& cependant il est mon débiteur de trois cents sept mille deux cents treize livres trois sols quatre deniers, ce que je vais mathématiquement prouver.

Par acte passé devant Me. Coupery, Notaire à Paris, le sieur Pyron de Chaboulon se reconnut mon débiteur de 5.423,028 l. 3 s. 4 d. pour sûreté de laquelle somme je reconnus avoir reçu treize cents Actions de la Caisse d'escompte.

Le premier Août 1788, par le ministere de son Huissier, le sieur Toutain, le sieur de Chaboulon me fit signifier de lui remettre dans le jour les treize cents Actions de la Caisse.

L'attaque étoit brusque, j'y répondis de la même maniere; & comme ce n'étoit point de ma part *une forfanterie*, je fis assigner en même tems le sieur Pyron au Consulat de Paris, à les recevoir, & à me payer.

Le sieur Pyron qui n'avoit ni les cinq millions, ni la volonté de les donner, se replia alors ; ſon Procureur demanda aux Conſulsle renvoi à la Chambre du Conſeil , c'eſt-à dire que le ſieur Pyron adoptant *le ſyſtême de Fabius* , gagnoit du tems , pour attendre le moment où les Actions monteroient à un prix tel que le réſultat de notre convention fût une perte pour moi.

Mais laſſé de cette comédie , je fis ſignifier le 19 Août 1788 au ſieur Pyron ,

« Que vu les circonſtances où ſe trouvoit
» la Place , je ne voulois ni ne pouvois plus
» courir des événemens ; qu'il étoit le maître
» d'allonger un procès tant qu'il lui plairoit ;
» que cette maniere de procéder étoit abſolu-
» ment contraire à l'eſprit de l'acte paſſé entre
» nous le 9 Avril 1788 , dans lequel il étoit
» dit , article 7 , que dans le cas où le ſieur de
» Sainte-Albine ne remettroit pas au ſieur
» Pyron , au jour de l'échéance les Actions ,
» & que de ſon côté le ſieur Pyron ne rem-
» bourſeroit pas audit jour de l'échéance au-
» dit ſieur de Sainte-Albine les ſommes
» énoncées dans ledit acte , ils ſont dès-à pré-
» ſent , eſt il dit , réciproquement convenus ,

H 2

» favoir, ledit fieur Pyron, à faire acheter,
» & ledit fieur de Sainte-Albine à faire vendre
» dès le lendemain, fi bon leur femble, par
» miniftere d'Agens-de-change, les Actions
» non livrées & non retirées, aux rifques &
» périls de la partie défaillante, fans qu'il foit
» befoin d'avoir recours à une formalité
» judiciaire pour en autorifer & ordonner
» la vente ou l'achat, pour lefquels il fuffira
» de conftater réciproquement par un acte
» le refus de remife ou paiement ; ledit cas
» arrivant, les différences feront réciproque-
» ment payées fur le bordereau de l'Agent-de-
» change qui aura fait la négociation, &
» auquel bordereau les parties promettent &
» s'engagent mutuellement de s'en rapporter;
» qu'enfin j'ai rempli envers le fieur Pyron
» tout ce que les regles de la bienféance &
» de l'honnêteté permettoient, en attendant
» jufqu'à aujourd'hui 19 Août 1788, &
» qu'en conféquence je lui fais offrir réelle-
» ment & à découvert les treize cents Actions
» de la Caiffe, garnies de tous leurs dividen-
» des, à la charge par lui, en les acceptant,
» de payer dans les mains de mon Huiffier

» la fomme de 5,215,028 l. 3 f.4 d. , faifant
» avec celle de 208000 liv. , montant de
» treize cents dividendes que j'ai reçus, celle
» de 5423028 liv. 3 f. 4 d., en lui décla-
» rant que, faute par le fieur Pyron de les
» retirer & de payer , les treize cents Actions
» feront vendues conformément à l'acte du 7
» Avril ».

Enfuite de cette fignification , le fieur Py-
ront n'ayant point retiré les
Actions , il eft refté mon débiteur de.................. 5215028 3 4

J'ai fait vendre , par
Agent-de-change , les treize
cents Actions , l'acte de vente
a été fignifié au fieur Pyron ,
& les Actions n'ayant produit
que..................... 4907815

Le fieur Pyron eft incon-
teftablement mon débiteur
de........................ 307213 3 4

Le sieur de Saint-Firmin.

Je me serois réduit au silence vis-à-vis le sieur de Saint-Firmin s'il eût cessé de répandre à mon égard des fables dans le public, s'il eût cessé de publier dans tous les coins de Paris que j'étois son débiteur, tandis que je suis son créancier, & son créancier de sommes considérables qu'il ne me paie pas ; ce dont je vais justifier.

Le sieur de Saint-Firmin, dans la fabrication de sa créance hypothétique, dit : *que je lui dois pour MM. Muguet & Saint-Didier ; que je lui dois pour des ventes d'actions ; que je lui dois des dommages & intérêts résultans d'actes vexatoires & oppressifs que je me suis permis contre lui.*

Et quels sont ces actes vexatoires & oppressifs ? L'expédition d'un Huissier trop zélé, qui croyant seconder mes intentions, alla, sans mon ordre, saisir les meubles du sieur de Saint-Firmin, *qui se trouverent appartenir à Mademoiselle Delagrave, sa belle-*

sœur, & qui fut éconduit *à coups de bâton.*

A l'exception de l'équipée de cet Huissier imprudent, que je désavoue formellement, j'ai un reçu du sieur de Saint-Firmin qui me libere avec lui jusqu'au 9 Décembre 1786, le voici.

« J'ai reçu de M. de Sainte-Albine la somme
» de 27486 l. 12 f. pour solde des différentes
» affaires que nous avons eues ensemble, dont
» j'ai retiré les titres, ce qui nous solde par-
» faitement, Paris, 9 Décembre 1786. *Signé*
» de Saint-Firmin. »

D'après ce reçu positif, M. de Saint-Fir-min, jusqu'au 9 Décembre 1786, me per-mettra de répondre à toutes ses allégations par cette quittance précieuse, portant en ma faveur une libération solemnelle.

Depuis le 9 Décembre 1786, je n'ai pas eu d'autres relations d'affaires avec le sieur de Saint-Firmin que celles qui suivent.

1°. Cession de ma part au profit du sieur de Saint-Firmin d'une vente souscrite à mon ordre par le sieur Baroud, de 950 Actions des Indes, payables fin Décembre 1786, au prix de 1450 liv.

2°. Reconnoissance du sieur de Saint-Firmin en ma faveur, d'une somme de 32000 l. en date du 10 Décembre 1786.

3°. Promesse de sa part de me rendre à la fin de Décembre 1786, 200 Actions des Indes au prix de 1600 liv.

4°. Lettres-de-change acceptées par le sieur de Saint-Firmin & non payées, montant ensemble à 38000 liv.

Je vais analyser chaque objet.

Sur la fin de Décembre 1786, j'étois porteur d'un engagement de M. Baroud de me livrer 950 Actions des Indes, au prix de 1450 liv. l'une.

Il y avoit alors sur la place deux sortes d'Actions; une Action ancienne, qui valoit 2100 l. — Une Action nouvelle *qui venoit d'être créée par M. de Calonne*, & qui ne valoit que 1500 liv.

M. Baroud soutenoit qu'il n'avoit entendu vendre d'autre Action que celle qui venoit d'être créée (1).

Dans ce cas, la différence qui résultoit à mon profit de cette operation étoit très-petite ; si au contraire M. Baroud étoit obligé de me remettre des anciennes Actions, elle étoit très-considérable.

Je ne voulois avoir aucune difficulté avec le sieur Baroud, mon ancien ami ; je voulois néanmoins tirer un parti honnête *de ma chose.*

Le sieur de Saint-Firmin me proposa de lui céder cette convention ; il me donna sa parole d'honneur de ne jamais user des voies juridiques contre M. Baroud. — Il me promit enfin d'en tirer un parti avantageux, en n'employant que des moyens de conciliation.

____

(1) M. Baroud invoquoit une consultation signée de MM. Target, Hardouin, &c. qui décidoient la question en sa faveur.

J'acceptai la proposition de M. de Saint-Firmin, & il fut convenu entre nous,

1°. Qu'il s'arrangeroit de manière à transiger *utilement* avec M. Baroud.

2°. Que je me réservois une somme de 95000 liv. sur le prix qui proviendroit de la liquidation de la convention.

3°. Que si le sieur de Saint-Firmin recevoit plus de 95000 l. la somme excédante lui appartiendroit.

On voit, par l'esprit de cette convention, que le sieur de Saint-Firmin n'étoit qu'un prête-nom à gages, qu'un médiateur complaisant entre deux amis.

Quelques jours après, le sieur de Saint-Firmin me remit un billet de M. Germain associé de MM. Delessert & Compagnie Banquiers à Paris, de la somme de 95000 l. payable le 10 Janvier 1787 fixe.

Il me demanda la cession de l'engagement ; je la lui souscrivis sans aucune difficulté.

Le 10 Janvier M. Germain refusa de payer son billet & allégua pour raisons que M. Baroud n'ayant voulu livrer, le 31 Décembre 1786, que des Actions de création nouvelle, & son intention n'ayant pas été d'acheter cette espece d'Actions, mais des anciennes, il n'acquitteroit point son billet puisqu'il n'en recevoit pas le prix.

Je rendrai bientôt compte de l'intention du sieur Germain en achetant cette convention pour Messieurs Delessert & Comp. ses associés.

Je demandai alors au sieur de Saint-Firmin le remboursement du billet protesté ou la rétrocession de ma convention.

Rien sans doute n'étoit plus naturel ni plus juste. Cependant le sieur de Saint-Firmin prétendit qu'il n'étoit tenu ni à l'un ni à l'autre, il se hâta au contraire de procéder & contre moi & contre M. Baroud, c'est-à-dire qu'il falloit plaider avec le sieur de Saint-Firmin pour savoir *si j'étois le maître de ma maison, dont je n'avois cédé la propriété qu'à condition d'en recevoir la valeur.* Je me fis justice, & en attendant la décision de cette question importante, je traitai avec M. Baroud, qui pour finir toute difficulté, me paya 120000 l.

(124)

Sur cette somme de 120000 l. j'ai promis au fieur de Saint-Firmin de le créditer fur & à compte de ce qu'il me doit, de 25000 l.

C'eſt payer certainement au poids de l'or ſon entremiſe, & je le défie de diſconvenir que jamais *Agent-de-change*, que *jamais Courtier* n'a reçu un droit de cette importance.

Voici actuellement le réſultat de mon compte avec M. de Saint-Firmin.

Il me doit, ſuivant ſa reconnoiſſance du 10 Décembre 1786,   32000 l.

Il devoit me rendre, le 31 Décembre 1786, 200 Actions des Indes à 1600 liv. J'ai été obligé, ne les recevant pas, de les acheter à 2100 liv. pour les remettre à M. E. Claviere, à qui je les devois à 1600 liv. Il m'en a coûté cent mille livres que me doit M. de Saint-Firmin, ci. . . . . . 100000 l.

Il me doit pour des lettres-dechange échues & proteſtées . . 38000 l.

En total. . . . . 170000 l.

Suite de l'autre part . . . 170000 L.

J'alloue en diminution de cette somme, ainsi que je viens de le dire, 25000 l.

Redoit pour solde M. de Saint-Firmin, ... 145000 L.

J'ai reçu du sieur de Saint-Firmin à compte de cette somme de 145000 liv.

1°. Une obligation *de très haut & très-puissant Seigneur Monseigneur Henri-Joseph de Carvallo Mello, Comte d'Oyeras de Lisbonne, & de très-haute & très-puissante Dame Marie-Antoinette Meneze son épouse,* de la somme de 33000 liv. ; mais qui n'est pas payée. *Je suis persuadé qu'on dit à Lisbonne comme à Paris qu'on ne paye point parce que je n'étois pas à Paris le 30 Avril* 1788.

2°. Différents autres billets souscrits par des débiteurs, *qui ne disent rien, si vous voulez,* mais qui n'en paient pas mieux.

Je ferai rendre au sieur de Saint-Firmin toutes ces *hautes & puissantes* créances lorsqu'il lui plaira de me compter 145000 liv., plus les intérêts depuis 1786.

Je n'ai pas d'autre affaire avec M. de Saint-Firmin ; je me réserve de donner sous peu de jours quelques détails sur celles qui ont été terminées entre nous, ainsi que sur la manière dont elles l'ont été, & notamment sur l'affaire *des dividendes de la Caisse d'escompte.*

Telle est la conduite, Monsieur le Comte, de mes Adversaires : vous avez sous les yeux celle que je leur ai constamment opposée pendant quatre années. Ce contraste frappant, ce témoin incorruptible, qui déposera perpétuellement en ma faveur, & toujours contre eux, suffira sans doute pour rendre désormais impuissante la rage des reptiles qui n'ont cessé de lancer contre moi leurs dards empoisonnés.

Il suffira, sans doute, pour rendre inutile la parole contagieuse de ces bouches scélérates, exercées à fabriquer le mensonge, & qui ont osé répandre leurs impudentes diffamations jusques sur l'autel du temple de la Justice.

Quant à mes créanciers, l'objet de toutes mes follicitudes, celui de toutes mes réclamations auprès des Tribunaux, leur nombre n'a rien qui m'effraie. Puiffe la lecture de ma lettre les tranquillifer, & leur perfuader qu'ils feront exactement payés en capitaux & intérêts, dès que je ferai forti de cet état d'oppreffion qui a rendu jufqu'à préfent mes defirs vains & mes efforts inutiles, dès qu'à force de crier *à l'iniquité*, *à la partialité*, *à la barbarie*, & de le prouver, on m'aura écouté & rendu juftice.

Si parmi mes déprédateurs (car ils s'annoncent tous pour avoir perdu des fommes énormes avec moi) il fe trouve de véritables créanciers, des créanciers auxquels je ne puiffe pas oppofer des compenfations utiles, je les prie de fe préfenter à moi; je les invite à quitter le mafque impofteur dont ils s'enveloppent; ma caufe eft la leur, mes créances font leur gage, qu'ils forment donc en attendant, & pour leur fûreté, des oppofitions chez mes débiteurs; je leur en préfente ici un premier tableau, & je ne ferai pas attendre le second.

Voilà, Monsieur le Comte, mon dernier mot, & je crois qu'on le trouvera satisfaisant.

J'ai l'honneur d'être, &c. &c.

Premier Tableau de mes créances.

Il m'est dû par Messieurs

	l.	f.	d.
Bouchet, Agent-de-change,	446588	7	
Orry de la Roche, Agent-de-change.............	20900		
Marion Brillantais.........	33600		
De Melleville...........	22400		
De Vandeuil............	10080		
Destilliere.............	22400		
Garrisson, Agent-de-change	50600		
Roche, Agent-de-change..	501660	6	10
Doumer, environ.........	16000		
	1124228	13	10

Ci-contre

	l.	f.	d.
Ci-contre.......... 1124228	13	19	

Fiſſour , Agent-de-change
environ.............. 30000

Muguet aîné............ 33000

Deneufville............ 4000

Adamoli 9550

Goudet , Lieutaud & Ro-
mieux 1600

Pyron de Chaboulon..... 307213   3   6

Terraſſe............... 105549

Duvernois, environ...... 71000

De Saint-Firmin....... 145000

———————————

1832140 17   4

F I N.

I